ROWOHLT
BERLIN

Alexander Gauland

Helmut Kohl
Ein Prinzip

Rowohlt · Berlin

1. Auflage August 1994

Umschlag- und Einbandgestaltung Walter Hellmann
(Foto: Wieseler/dpa)
Satz aus der Garamond
Gesamtherstellung Clausen & Bosse, Leck
Printed in Germany
ISBN 3 87134 206 8

Inhalt

Vorwort 7
Vorbemerkung:
Über historische Größe 9
Die Karriere 15
Die alte Ordnung 31
Der Politiker 43
Der Ideologe 55
Der Staatsmann 66
Die Kritiker 85
Die Fehler 102
Die neue Welt 116
Quo vadis, Germania? 129
Nachbetrachtung: Der «weltläufig
gewordene Provinzler» 144
Anmerkungen 150

Vorwort

Warum über Helmut Kohl schreiben? Seine Persönlichkeit fasziniert nicht. Er hat nichts von der aristokratischen Nonchalance eines Fox, dem romantischen Dandyismus eines Disraeli oder der herrischen Genialität eines Bismarck. In Helmut Kohl ist nichts Hintergründiges, wie es uns in Walther Rathenau entgegentritt, und er ist kein Ästhet der Macht, wie Richelieu einer war. Friedrichs Abgründe sind ihm so fremd wie die glanzvolle Intellektualität eines Winston Churchill. Niemand käme auf den Gedanken, Helmut Kohl an jenem Begriff von historischer Größe zu messen, den Jacob Burckhardt vorgegeben hat: Größe ist, was wir nicht sind. Helmut Kohl, so konnte man kürzlich lesen, ist ein Serienheld. «Nie ist der Auftritt spektakulär, nie zeigt sich ein Faszinosum, das unwiederholbar in den Bann schlägt, er erleidet kleine Niederlagen und feiert keine ganz großen Siege.»[1]

Warum also über Helmut Kohl schreiben? Weil es dennoch etwas Unerklärliches und damit auch wieder Faszinierendes in seiner politischen Karriere gibt, den Mangel an gerechter, oder sagen wir besser distanzierter Beurteilung. Helmut Kohl ist der Bundeskanzler der Wiedervereinigung, doch anders als Bismarck hat man ihm dafür keine Denkmäler errichtet. Der «eiserne Kanzler» wurde von seinem dankbaren Souverän gefürstet und von den Deutschen als Bilderbuchheld verehrt; Helmut Kohl hingegen muß fürchten, von den Wählern in Ungnaden entlassen zu werden. Zu diesem Befund gesellt sich eine weitere Beobachtung: Es gibt – von ganz wenigen Ausnahmen abgesehen – keine vorurteilsfreie Betrachtung seines Wirkens. Helmut Kohl ist über zwanzig Jahre CDU-Vorsitzender und seit mehr als elf Jahren Bundeskanzler der Bundesrepublik Deutschland. Gewiß hat es im Laufe dieser Jahre kluge Einzelbeobachtungen sowie manch interessanten Essay über Aspekte seiner Arbeit gegeben, doch eine distanzierte Zusammenschau fehlt. Seine Biographen haben Helmut Kohl entweder als linkischen Dummkopf oder als Staatsmann ohne Fehl und Tadel porträtiert. So schwankt sein Charakterbild in der Publizistik zwischen einem zweiten Bismarck und jenem unseligen Lord Goderich, der nach Cannings plötzlichem Tod für ein halbes Jahr die Geschicke Englands bestimmte und der als einzigartig unfähiger Premierminister in die Geschichte seines Landes eingegangen ist. Disraelis Urteil, daß ihm alle Führungseigenschaften fehlten, ist wieder und wieder auch über Helmut Kohl gefällt und mehr als einmal von eigenen Parteifreunden behauptet worden. Für diese Unausgeglichenheit des Urteils muß es Gründe geben, objektive wie subjektive. Ihnen nachzuspüren ist Aufgabe dieses Buches. Daß dabei der Arbeitsplatz des Politikers Helmut Kohl, die alte wie die neue Bundesrepublik, in die Betrachtung einbezogen werden muß, versteht sich von selbst. Der Ausgang, was Karriere, Schicksal und Erfolg Helmut Kohls angeht, muß notwendigerweise offenbleiben, weshalb die Schlußkapitel sich den objektiven Faktoren widmen, mit denen dieser Bundeskanzler oder ein anderer rechnen muß. Daß dabei vieles Meinen, Glauben, Fürchten oder Hoffen ist, kann wohl nicht anders sein in einer Zeitenwende, in der nichts mehr sicher ist und alles neu bedacht werden muß.

Berlin, im Mai 1994

Vorbemerkung: Über historische Größe

Historische Größe ist ein schillernder Begriff. Sie fügt sich zusammen aus subjektiven und objektiven Faktoren. Daß Helmut Kohl subjektiv nichts Faszinierendes besitzt, wird niemand bestreiten wollen. Auch mangelt es ihm an einer Lebensgeschichte voller Brüche, die Figuren wie Willy Brandt und Herbert Wehner interessant macht. Doch wie steht es mit dem objektiven Kriterium der Unersetzlichkeit, das für Jacob Burckhardt das entscheidende ist?

Johannes Gross hat in seiner Betrachtung über die Größe des Staatsmannes im Nachgang zu Joachim Fests «Hitler»[2] die These vertreten, daß in einer bipolaren Welt, über der das Damoklesschwert der atomaren Vernichtung schwebt, die Handlungsspielräume so klein geworden seien, daß kein Raum mehr für die historische Größe des handelnden Staatsmannes bleibe. Er stellt die letzten großen Täter Lenin, Hitler, Stalin, Roosevelt und Churchill den Truman, Eisenhower, Johnson und Breschnew gegenüber und erklärt deren Mediokrität zum strukturellen Problem. Hieße das im Umkehrschluß, daß nach dem Untergang dieser Ordnung wieder Platz für den großen Staatsmann ist, daß Gorbatschow, Bush und auch Kohl die Chance zu historischer Größe haben? Für Johannes Gross wohl nicht, denn er definiert Unersetzlichkeit in einer Weise, die schon Churchill scheitern läßt. Wenn die Geschichte Englands 1940 auch ohne Churchill nicht anders verlaufen wäre als mit ihm, dann in der Tat bleibt Größe für niemanden, nachdem Lenins Werk untergegangen ist und Hitler wie Stalin zu den «bloß kräftigen Ruinierern» zu zählen sind.

Auch für Stalin gilt nun, was Jacob Burckhardt Timur ins Stammbuch geschrieben hat: «Timur hat die Mongolen nicht gefördert, nach ihm war es schlimmer als vorher; er ist so klein, als Dschingiskhan groß ist.»[3]

Doch zurück zur Unersetzlichkeit: Wäre der Gang der Geschichte ohne Churchill nicht doch ein anderer gewesen? Wissen wir nicht, daß es viele in seiner Partei wie in England gab, die mit Hitler teilen wollten? Hing die Entscheidung, wer Premierminister werden sollte, nicht am seidenen Faden und hätte Halifax die Kraft und die Bedenkenlosigkeit aufgebracht, die Churchills aristokratisches Erbe war? Nur ein Mann wie er war der flackernden Genialität des wurzellosen Kleinbürgers gewachsen. Für Churchill war alles einfach. Hier war das protestantische England der ersten Elisabeth, das England seines Vorfahren John Churchill, des großen Herzogs von Marlborough, das England der Whig-Aristokraten mit seinen freiheitlichen Institutionen, und dort war das Deutschland Hitlers, die Tyrannei des Bösen, die Wiederholung Philipps von Spanien und Ludwigs XIV. in fürchterlicher amoralischer Gestalt. Da gab es nichts zu bedenken, da gab es nichts zu wägen, da gab es nur Kampf bis zum Sieg, auch wenn dieser Sieg das britische Reich zu Tode erschöpfen und seinen Abschied von der Geschichte bedeuten sollte. Für Churchill konnte es zwischen dem Licht der Freiheit und dem Dunkel der Tyrannei keinen Kompromiß geben. Wenn England die Fackel der Freiheit nicht mehr halten konnte, dann muß es sie weitergeben an Amerika, die neue Vormacht der angelsächsischen Weltzivilisation. «Schicksale von Völkern und Staaten, Richtungen von ganzen Zivilisationen können daran hängen, daß ein außerordentlicher Mensch gewisse Seelenspannungen und Anstrengungen ersten Ranges in gewissen Zeiten aushalten könne.»[4] Dieses Urteil Jacob Burckhardts über Friedrichs Rolle im Siebenjährigen Krieg trifft auch auf Churchill zu. Denn alle seitherige europäische und Weltgeschichte ist davon bedingt, daß Churchill dies vom 10. Mai 1940 bis zum Kriegseintritt Amerikas im Dezember 1941 in supremem Grade konnte.

Und wie steht es mit Helmut Kohls Unersetzlichkeit in den letzten vier Jahren? Niemand kann sagen, ob ein anderer, ob Helmut Schmidt oder Willy Brandt die historische Stunde ebenso effektvoll und klug genutzt, das gleiche Ausmaß an Willenskraft und Durchsetzungsvermögen aufgebracht hätten. Doch erscheint es ungerecht, das Ganze als «zufällig, bei allem politischen Verdienst doch ohne innovatorische Leistung»[5] abzutun. Größe, die auf Unersetzlichkeit gründet, hat mit der Ästhetik der Persönlichkeit nichts zu tun. Es mag manchen schmerzen, daß Größe hier in kleinbürgerlichem Gewande auftritt, daß Helmut Kohl nicht groß auch in der Welt des Geistes und der Ideen ist, daß er so gar nichts die Menschen Verzauberndes hat und wir Gedanken und Erinnerungen von ihm nicht lesen werden – den Maßstab, an dem wir zu messen haben, ändert das nicht.

Wenn es uns dennoch nur schwer gelingt, unsere Vorstellung von Größe mit den heute Handelnden zu verknüpfen, so steckt dahinter noch ein anderes Problem – das der politischen Symbolik. Nach der Einigung im Jahre 1870 entstanden überall in Deutschland Nationaldenkmäler, Bismarcktürme, Kaiser-Wilhelm-Gedächtnissteine und ähnliche Scheußlichkeiten, deren ästhetische Anspruchslosigkeit ein Problem ausstellte: die mangelnde Symbolkraft des neuen Reiches. Das Reich gründete auf den Kanonen Krupps und dem preußischen Zündnadelgewehr, doch seine Symbole atmeten barockes Pathos und spätrömische Vulgarität. Ausländische Beobachter, wie der kluge und gebildete Henry Adams, sahen in dieser Mischung zu Recht eine ästhetische Katastrophe durch geistiges Versagen: «Vierzig Jahre haben eine neue Schicht von schlechtem Geschmack zu allem vorigen gefügt. Es macht mich krank, wenn ich bedenke, daß dies das ganze Ergebnis meiner Lebenszeit ist. In Italien sah ich dasselbe, aber doch nicht in so riesigen Dimensionen... Alles in allem macht Deutschland mir den Eindruck eines hoffnungslosen Versagens.»[6] Dieser Rückgriff auf eine vorindustrielle Formensprache begleitete die offizielle Kunst des Kaiserreiches und fand ihren stärksten Ausdruck in den Historienbildern Anton von Werners. Später griffen die autoritären Systeme des Nationalsozialismus, des Faschismus und des Kommunismus noch einmal in diese Trickkiste veralteter Symbole und bauten aus Fahnen, Lichtdomen und Massenaufmärschen eine Kulisse für den Auftritt falscher Größe.

Die deutsche Einigung vollzog sich am 3. 10. 1990 ohne jeden Rückgriff aufs Symbolische, sie schuf keine bleibenden Bilder und damit auch keine Aura, in der sich die handelnden Figuren für die historische Zeitenwende in Szene setzen konnten. Sie blieben, was sie waren – die Spitzen der politischen Daseinsvorsorge eines Industrielandes. Nachdem von Max Webers drei Typen der legitimen Herrschaft nur noch die legale übriggeblieben ist, ist die symbolische Darstellung der industriellen parlamentarischen Demokratie ein ungelöstes Problem, das nur deshalb nicht zum allgemeinen Problem der westlichen Demokratien geworden ist, weil England, Frankreich und die USA aus dem reichen Fundus ihrer vorindustriellen Traditionen und Symbole schöpfen können. Peagantry und Revolutionsmystik können immer erneut heraufgerufen werden, und es genügt, an die ruhmreichen Fahnen von Waterloo einen neuen Wimpel zu fügen, um den Falklandkrieg zu symbolisieren. Ob die Mall in Washington oder Mitterrands neuer Triumphbogen La Défense, sie knüpfen an die Ästhetik der Vergangenheit an, verlängern sie in die Gegenwart und entgehen so der Bilderlosigkeit des 3. 10. 1990. Andererseits zeigt der Streit um die Neue Wache, daß es in Deutschland aus historischen Gründen keine selbstverständliche Übereinkunft zu Symbolen mehr gibt und folglich jede erzwungene Neuschöpfung Streit auslöst. Nachdem Tessenows Gestaltung der Schinkelschen Wache für das sinnlose Morden nicht mehr ausreichend schien, fehlte die Bildkraft, dieses darzustellen. Auch hier gilt, daß die Industriegesellschaft auf Fundamenten ruht, die sie nicht selbst schaffen kann, wenn sie einmal zerstört sind.

Wir haben heute in unserer Gesellschaft einen Grad von Abstraktion erreicht, der es immer schwieriger macht, prägende Bilder zu finden. Über einen bekannten deutschen Theaterregisseur kursiert die Geschichte, daß er in seinem Büro, über einer Inszenierung brütend, auf die Glaswand einer Bank starrte und schließlich wissen wollte, was hinter dieser Wand vorgehe. Doch der von ihm angesprochene Direktor des Instituts zuckte nur die Achseln und meinte, daß es ihm unmöglich sei, die Abstraktion dieser Vorgänge zu erklären. Wie soll ich sie dann in Bilder fassen und auf die Bühne stellen, war der verzweifelte Ausruf des deprimierten Künstlers. Man vergleiche damit nur die sich jedem oberflächlichen Kenner der deutschen Geschichte sofort entschlüsselnde Symbolik von Jüngers «Marmorklippen». Von den Mauretaniern und den Purpurreitern über das fürchterliche Köppelsbleek bis hin zu Braquemart und dem Fürsten von Sunmyra können wir die Figuren leicht enträtseln und die Symbole deuten. Denn die Welt des Adels und des Kampfes bedarf keiner Erklärung, wie die Welt der Leitzinsen und des Bruttosozialproduktes. Odo Marquard hat diesen Prozeß die moderne «Entwirklichung der Wirklichkeit» genannt und davon gesprochen, daß unsere Welt sachlich, trivial, einförmig, überraschungsarm und unfaszinierend geworden ist.[7] So unfaszinierend wie die Handelnden und ihre Handlungen. Größe bedarf der Anschaulichkeit, der Symbole und der «Ästhetisierung des Politischen». Daran hat es in der alten Bundesrepublik gefehlt und fehlt es in der neuen. Nur in den alten Demokratien speist sich die politische Repräsentation aus ehrwürdigen Traditionen, doch auch diese haben längst nur noch einen dekorativen, musealen Charakter. Es muß deshalb nicht erstaunen, daß die Menschen nur in einer zeitgenössischen Figur, die sich beim näheren Hinsehen als Gestalt verflüchtigt, Größe erkennen wollten, in J. F. Kennedy. Denn dieser Mann, der Größe wohl nicht hatte, lebte aus dem Fundus der britischen Aristokratie, die noch immer das beste Beispiel ist für ein Zusammenspiel von Formen zu einem Stil, der die Gesellschaft prägt. Helmut Kohl daran zu messen wäre nicht nur verfehlt, sondern ungerecht. Selbst wenn er für die deutsche Wiedervereinigung unersetzlich im Burckhardtschen Sinne gewesen ist, fehlen ihm die subjektiven Merkmale der historischen Größe. Er hat sein Werk in einer Zeit vollbracht, die dem großen Individuum abhold ist, weil sie sein Wirken nicht mehr in Bilder und Symbole zu fassen vermag.

Die Karriere

Das Leben Helmut Kohls beginnt am 3. April 1930 in Ludwigshafen. Das umgebende Milieu ist kleinbürgerlich, bäuerlich. Kohls Vater war Finanzbeamter, katholisch und nationalliberal. Das Elternhaus blieb gegenüber den Ideen des Nationalsozialismus resistent. Der Vater hatte schon den Beginn des Krieges als einen Einschnitt erlebt und als provisorischer Stadtkommandant einer eroberten polnischen Stadt Dinge gesehen, die ihn den Tag fürchten ließ, an dem das deutsche Volk dafür bezahlen müsse. Kohls Bruder fiel Ende 1944 in einer der letzten großen Abwehrschlachten im Westen – er selbst barg Bombentote in Ludwigshafens Straßen und erlebte das Kriegsende in einem Wehrertüchtigungslager in Berchtesgaden.

Da das Elternhaus eher unpolitisch war, bleibt Kohls frühes politisches Engagement verblüffend, denn bereits mit 18 Jahren galt der Abiturient in Ludwigshafen als eine politische Lokalgröße. Eine einleuchtende idealistische Erklärung für den politischen Aufstiegswillen Helmut Kohls findet sich nicht, Schule und Studium prägten ihn nicht über das normale Maß hinaus. Bereits das Studium war mehr Mittel zum Zweck des Aufstiegs als Drang nach Welterkenntnis. Bedenkt man die Zeit, den Neuanfang und die Namen in Frankfurt und Heidelberg, wo Kohl Öffentliches Recht, Politische Wissenschaften und Geschichte studierte, so hätte er viel einschneidendere Eindrücke davontragen können. Franz Böhm, Carlo Schmid, die Frankfurter Schule, Karl Jaspers, Alfred Weber, Alexander Rüstow, Dolf Sternberger und Gustav Radbruch repräsentierten das Beste deutscher Geistigkeit. Daß Helmut Kohl trotz dieser Möglichkeiten am Ende das Dissertationsthema «Die politische Entwicklung in der Pfalz und das Wiedererstehen der Parteien nach 1945» wählte, ist ihm vorgehalten worden. Doch der Vorwurf verkennt Kohls Ziel. Er brauchte die Promotion für den Aufstieg, und dafür war das Thema ideal und der Erfolg sicher. Auch heute ist diese Arbeit noch immer eine interessante Studie zu einem Stück politischer Heimatgeschichte, nichts Aufregendes, aber auch nichts, wofür sich ein amtierender Bundeskanzler zu schämen hätte. Helmut Kohls Doktorarbeit ist aber noch aus einem anderen Grunde von höchstem biographischen Interesse. Sie enthält ein Selbstporträt, verpackt in eine Charakteristik der Pfälzer. Dieses Selbstporträt ist klug und voller Einsichten und demonstriert, was ihm manche absprechen wollen – Selbsterkenntnis. Es sei deshalb hier ausführlich wiedergegeben: «Die Pfalz beheimatet – soweit sich solche allgemeinen Feststellungen treffen lassen – einen fröhlichen und weltoffenen Menschenschlag, der viel Sinn für gesellschaftliches Zusammenleben und die Freuden der Zeit hat und dem dogmatischen Denken abgeneigt ist. Das rheinfränkische Erbe und die sich aus der Grenzlage ergebenden französischen Einflüsse mögen hierbei zusammenwirken. Neben einem ausgeprägten Sinn für Toleranz besteht jedoch häufig ein allzu starkes und unangenehmes Selbstgefühl. In diesem ‹lautstarken› Auftreten hat auch der ‹Pfälzer Krischer› seinen Ursprung. Bei aller Aufgeschlossenheit und praktischen Intelligenz haben die Pfälzer keine ausgeprägte musische Veranlagung. Der Historiker Karl Hampe faßt seine Meinung über die Bewohner dieser Landschaft in dem Satz zusammen: ‹Der Pfälzer ist zu allen Zeiten, soweit wir seinen Charakter zurückverfolgen können, diesseitsfreudig und zugreifend, auf das Praktische gerichtet; die bedeutenden Männer, die die Pfalz hervorgebracht hat, sind zu allen Zeiten nahezu ausschließlich dem praktischen Leben zugewandt gewesen.› Auch Wilhelm Heinrich Riehl, der Verfasser des ersten volkskundlichen Buches über die Pfalz, beklagt das geringe Interesse des pfälzischen Volkes am geistigen Streben vor allem auf dem Gebiet der Kunst.»[8] Nach dieser Selbsteinschätzung bleibt unerfindlich, weshalb die «offizielle» Biographie von Werner Maser den Bundeskanzler als Leser und Kenner von James Joyce, Charles Péguy, Georges Bernanos, Werner Bergengruen und Franz Kafka in Anspruch nimmt. Helmut Kohls an Heinrich Böll gerichtete Frage, warum er nicht wie Zuckmayer schreiben könne, dementiert diese Behauptung. Daß er sich vor einem Besuch bei Ernst Jünger über Léon Bloy ins Bild setzen läßt, weist ihn nur als höflichen Menschen aus.

Die ersten Stufen der Karriereleiter nimmt Helmut Kohl schnell: 1946 Eintritt in die CDU in Ludwigshafen, 1947 Mitbegründer der Jungen Union daselbst, 1953 Mitglied des geschäftsführenden Vorstandes der CDU der Pfalz, 1954 bis 1961 stellvertretender Vorsitzender der Jungen Union Rheinland-Pfalz, 1955 bis 1966 Mitglied des Landesvorstandes der CDU Rheinland-Pfalz, 1959 Vorsitzender des CDU-Kreisverbandes Ludwigshafen. Am 19.4.1959 Einzug in den Mainzer Landtag, 1960 bis 1969 Vorsitzender der CDU-Stadtratfraktion in Ludwigshafen, am 25.10.1961 Wahl zum stellvertretenden Vorsitzenden der CDU-Fraktion im Landtag Rheinland-Pfalz.

Helmut Kohl pflegt einen robusten Stil der politischen Auseinandersetzung. Die Prügelei mit einer sozialdemokratischen Klebekolonne im ersten Bundestagswahlkampf ist dabei eine eher komische Begebenheit am Rande. Anders die allein machtpolitisch zu verstehenden Auseinandersetzungen mit dem sozialdemokratischen Oberbürgermeister Dr. Hans

Klüber von Ludwigshafen. Hier bleiben tiefe Verletzungen zurück, allerdings wächst auch die Einsicht des jungen Politikers, daß Aggressivität von den Bürgern in der Wahlkabine nicht honoriert wird.

Da Helmut Kohl von Anfang an zu politischem wie beruflichem Aufstieg in der CDU entschlossen war, spielt ein bürgerlicher Beruf in seinen Überlegungen kaum eine Rolle. Nachdem er sich sein Studium zum Teil als Steinschleifer bei BASF verdient hat, tritt er 1958 als Direktionsassistent in die Eisengießerei Mock ein, wechselt aber schon zum 1.4.1959 in den Landesverband Chemische Industrie Rheinland-Pfalz. Hier ist er als Referent für Wirtschafts- und Steuerpolitik tätig, doch vertauscht er die Rolle des Lobbyisten schon bald mit der des politischen Funktionärs. Die Partei ist praktisch von Anfang an Berufung, Beruf und Heimat. Helmut Kohl ist der erste klassische Berufspolitiker ohne Wurzeln in einem anderen gesellschaftlichen Milieu. Vieles, was ihm Erfolg gebracht hat, aber auch seine Begrenzungen haben hier ihren Urgrund. Niemand, der Helmut Kohls emotionale Bindung an seine Partei nicht zu teilen vermag, wird ihn jemals ganz verstehen – auch der Autor nicht.

Vor dem weiteren Aufstieg Helmut Kohls lag jetzt eine Barriere aus den Anfangsjahren der zweiten deutschen Republik. Peter Altmeier, der erste Ministerpräsident des Landes Rheinland-Pfalz, hatte sich um die Identitätsfindung des Landes große Verdienste erworben. Aber er war zugleich ein tpyischer Vertreter jener Generation, deren Mangel an Einsicht schließlich den Ausbruch von 1968 auslöste, ein Mann, der die Zeit nicht mehr verstand und dem deshalb die Macht entglitt, was sich auch in den Wahlergebnissen ausdrückte. Helmut Kohl schaffte sich zielgerichtet personelle Stützpunkte in Landesverband und Fraktion, drängte in beiden die katholisch-konservativen Altmeier-Freunde zurück, wurde 1963 Fraktionsvorsitzender, 1964 Vorsitzender des Bezirksverbandes Pfalz und 1966 Landesvorsitzender der CDU Rheinland-Pfalz. Als die CDU 1967 in den Landtagswahlen mit 46,7 Prozent ein achtbares Ergebnis erzielte, wurde Altmeier noch einmal Regierungschef, allerdings auf Zeit. Die Politik bestimmte bereits sein präsumtiver Nachfolger, der ihm mit Bernhard Vogel und Heiner Geißler auch zwei neue Minister verordnete. Als Altmeier 1969 die Staatskanzlei verließ, verabschiedete er sich öffentlich von allen, die ihn begleitet hatten, einschließlich seines Fahrers – allein Helmut Kohl blieb unbedankt.

Die rheinland-pfälzischen Jahre Helmut Kohls waren gute Jahre für ihn wie für das Land. Eine zweite Landesuniversität, 13 000 neue Arbeitsplätze in der Eifel, die Abschaffung der Konfessionsschule, eine Verwaltungsreform und das erste Kindergartengesetz zeigen eine effiziente und erfolgreiche Regierung. Neue Namen wie Hanna-Renate Laurien, Wilhelm Gaddum, Franz Klein, Richard von Weizsäcker und Norbert Blüm tauchen in der Umgebung Helmut Kohls auf. Die Wähler honorieren diesen «Modernitätsschub» bei den Landtagswahlen mit einer absoluten Mehrheit 1971 und 53,9 Prozent im Jahre 1975. Angesichts solcher Erfolge ist es akademisch zu fragen, ob Helmut Kohl die Macht erstrebte, um ein Programm durchzusetzen, oder ob er sich ein Programm erfand, mit dem er die Macht behalten konnte. Zwar deutet manches auf das letztere – in einem moralischen Sinne problematisch wäre dies jedoch nur dann, wenn das Programm zum Machterhalt gesellschaftlich schädlich ausgefallen wäre. Doch das haben nicht einmal seine politischen Gegner behauptet. Helmut Kohls Ehrgeiz blieb nicht auf das Land der Rüben und Reben beschränkt. Als Landesvorsitzender war er kraft Amtes Mitglied des Bundesvorstandes, 1967 wurde er auch in dieses Gremium gewählt, 1969 zum stellvertretenden Bundesvorsitzenden bestellt.

Dies geschah genau zu jener Zeit, da das erste christlich-demokratische Zeitalter in der Republik zu Ende ging und mit Kurt Georg Kiesinger der letzte große Staatsschauspieler der Gründergeneration die Bühne verließ. Doch da die Niederlage bei den Bundestagswahlen 1969 knapp ausgefallen war und die CDU deshalb die neue sozialliberale Koalition als etwas Unnatürliches, der Republik Wesensfremdes betrachtete, vermochte sie die Oppositionsrolle innerlich nicht anzunehmen. Die Macht, die Kiesinger in einem Moment der Unaufmerksamkeit entglitten war, sollte Rainer Barzel, der geschmeidige Fraktionsvorsitzende, in den Jahren der Großen Koalition zurückgewinnen. Die Ansprüche des Provinzpolitikers aus Mainz auf die Führung der Partei wurden deshalb zu Beginn eher belächelt denn als ernsthafte Bewerbung akzeptiert. Außerdem unterlief Helmut Kohl ein schwerer Fehler, der selbst seine Anhänger im linken Spektrum der CDU verunsicherte. Auf dem Mitbestimmungsparteitag der CDU in Düsseldorf 1971 stimmte er gegen eine von ihm mitformulierte, den Sozialausschüssen entgegenkommende Mitbestimmungsvorlage und verhalf so dem von Alfred Dregger vorgelegten Gegenentwurf des hessischen Landesverbandes zum Sieg. War es Rücksichtnahme auf die CSU, wie Kohl damals in das entsetzte Schweigen seiner Anhänger hinein verkündete, oder ein schlichter «Blackout», wie er später behauptet hat? Beides war keine Empfehlung für einen zukünftigen Bundesvorsitzenden, und so hatte Barzel leichtes Spiel. Doch Barzels Fundament war brüchig. Er war zu glatt, um den knorrigen Fundamentalisten der «Hallstein-Doktrin» Halt zu geben, und zu weich, um eine neue Politik zu formulieren. Als das konstruktive Mißtrauensvotum gegen Brandt mißlang, war Barzel schon ein geschlagener Mann. Die Bundestagswahlen von 1972, in denen die SPD 45,8 Prozent der Stimmen errang, bestätigten nur, was alle im Lande fühlten: Eine neue Zeit war angebrochen. Jetzt galt auch für die CDU der Satz Tancredis aus Lampedusas «Leopard»: «Wenn wir wollen, daß alles so bleibt, wie es ist, dann ist es notwendig, daß alles sich ändert.» Am 12.6.1973 wurde Helmut Kohl auf dem 21. Bundesparteitag der CDU in Bonn mit 520 von 600 gültigen Stimmen zum neuen Parteivorsitzenden gewählt.

Der Neuanfang war schwierig. Die Partei war das Gewand des jeweiligen Dogen, doch nun gab es keinen Dogen mehr, und zurück blieb ein Häufchen Samt. Der neue Generalsekretär Kurt Biedenkopf, wie auch sein Nachfolger Heiner Geißler, machten aus dem Kanzlerwahlverein eine Partei. Neue Themen, eine neue soziale Sensibilität und die Hinwendung zu Frauen und jungen Menschen sollten die Partei wieder in die Mitte der Gesellschaft stellen, doch diese Mitte definierte sich in Niedersachsen anders als in Bayern. Auch die «Verlierer» von 68 wollten von Veränderungen nichts hören und versuchten mit kräftigen Schlägen gegen den Zeitgeist zu rudern. Helmut Kohl rückte aus dem linken Spektrum in die Mitte der Partei. Er sollte führen und mußte doch auch integrieren.

Mit der «Mannheimer Erklärung» von 1975 war der Erneuerungsprozeß abgeschlossen. Doch obwohl die Brandtschen Visionen einer Versöhnung von Geist und Macht, von Demokratie und Sozialismus, von aufrührerischer Jugend und parlamentarischen Institutionen sehr bald zu Bruch gingen und dem nüchternen Pragmatismus Helmut Schmidts Platz machen mußten, tat sich die Union schwer. Sie hatte das

Kreuz von Franz Josef Strauß zu tragen. Wie Helmut Kohl immer unterschätzt wurde, so ist Franz Josef Strauß überschätzt worden. Denn außer in den Regierungsjahren der Großen Koalition hat Franz Josef Strauß in der deutschen Politik nur eine destruktive Rolle gespielt. Nie konnte er es den Liberalen verzeihen, daß sie ihn über die «Spiegel»-Affäre gestürzt hatten, und nie hat er es verwunden, daß er nördlich der Main-Linie nicht mehrheitsfähig war. Da er nicht Kanzler werden konnte, wünschte er auch keinen anderen CDU-Kanzler, am wenigsten aber Helmut Kohl. «Es gibt Strauß-Vertraute, die meinen, er habe Kohl gehaßt», hat Peter Boenisch geschrieben[9], und in der Tat läßt der berüchtigte Ausbruch in der «Wienerwald»-Zentrale aus dem November 1976 keine andere Deutung zu: «Herr Kohl, den ich nur im Wissen, den ich trotz meines Wissens um seine Unzulänglichkeit, um des Friedens willen als Kanzlerkandidat unterstützt habe, wird nie Kanzler werden. Er ist total unfähig, ihm fehlen die charakterlichen, die geistigen und die politischen Voraussetzungen. Ihm fehlt alles dafür... Und glauben Sie mir eins, der Helmut Kohl wird nie Kanzler werden, der wird mit 90 Jahren die Memoiren schreiben: ‹Ich war 40 Jahre Kanzlerkandidat, Lehren und Erfahrungen aus einer bitteren Epoche.› Vielleicht ist das letzte Kapitel in Sibirien geschrieben.»[10] Daß viele, auch linke Intellektuelle, diesen Mann für einen brillanten politischen Analytiker gehalten haben und trotz ihrer zur Schau getragenen Aversionen heimlich von Strauß fasziniert waren[11], gehört zu den Merkwürdigkeiten der Bonner Republik. Seine Erinnerungen sprechen eine andere Sprache. Franz Josef Strauß war weder scharf- noch hellsichtig. Seine Analysen lagen meistens neben der Sache, wobei ihm abwechselnd Eitelkeit und Wut den Blick trübten. Die von ihm zustimmend zitierte Bemerkung seiner Frau über Erich Honecker, daß dieser ein beeindruckendes Mannsbild sei, zeigt die Grenzen seines Urteilsvermögens.[12] Strauß war gebildeter und erfahrener als Helmut Kohl, aber während Kohl immer auf der Suche nach dem Konsens war, war Franz Josef Strauß auf der Suche nach dem Konflikt. Doch die Bundesrepublik war im Gegensatz zur Weimarer Republik eine Konsensdemokratie, die fast instinktiv die großen Polarisierer verwarf, nachdem die Grundlagen einmal gelegt und die Richtung entschieden war. Dies hat der Altphilologe und Hobbyhistoriker Strauß nie begriffen, und daran ist er auch gescheitert.

Nach komplizierten Verhandlungen mit der CSU wurde Helmut Kohl als Kanzlerkandidat der Unionsparteien in die Bundestagswahlen 1976 geschickt. Doch die gemeinsame Erklärung verhieß nichts Gutes für die Zukunft: «Die CSU hält an ihrer Bewertung fest, daß ihr Vorsitzender der geeignete Kandidat ist. Die CSU wird im Interesse der gemeinsamen Sache ebenso wie die CDU Helmut Kohl als Kanzlerkandidaten unterstützen.»[13] Daß die Union mit 48,6 Prozent der Stimmen nur knapp die absolute Mehrheit verfehlte, war eine beachtliche Leistung Kohls. Doch die FDP sprang nicht, und Helmut Schmidt blieb Bundeskanzler. Helmut Kohl verspielte seinen Erfolg noch am gleichen Abend. Sein trotziges «Ich will Bundeskanzler werden – ich habe die Wahl gewonnen» wäre in Mainz passend gewesen, in Bonn klang es provinziell. In Mainz mochte es richtig sein, daß der stärksten Partei die Initiative zur Regierungsbildung zusteht, in Bonn ging es um die Macht, und da hatten ein paar tausend Stimmen gegen die «Machtübernahme» von Helmut Kohl entschieden.

Die nun folgenden Jahre wurden die schwierigsten überhaupt. Wenige Wochen nach der Bundestagswahl kündigte

Franz Josef Strauß die Fraktionsgemeinschaft im Bundestag auf. Es war ein Akt purer Irrationalität, denn ein «Bruderkampf» zwischen CDU und CSU hätte beide Parteien jene Stimmen gekostet, die sich Strauß durch ein eigenes Stück auf der Bonner Bühne holen wollte. Es war letztlich irrelevant, ob es eine «bürgerliche Mehrheit» gab, denn es gab auf jeden Fall eine gegen Franz Josef Strauß. Kohls Entschlossenheit rettete die Einheit. Als die CSU-Abgeordneten um ihre Mehrheiten in Bayern zu fürchten begannen, kehrte Strauß in die «babylonische Gefangenschaft» zurück.

Doch die Unterschiede in der Beurteilung blieben, und dieser Riß verlief mitten durch die CDU. Kohl wußte, daß eine Regierung Wahlen verliert und nicht die Opposition sie gewinnt. Er hielt nichts von oppositioneller Hektik. Er mußte warten, bis Helmut Schmidt und seine Partei sich soweit auseinandergelebt hatten, daß die FDP keinen Partner mehr hatte, erst dann hatte er eine Chance. Strauß und seine innerparteilichen Kritiker sahen die FDP dagegen auf unabsehbare Zeit «historisch» an die SPD gekettet und rüttelten an den Gitterstäben. «Freundliche» Worte über Kohls Führungseigenschaften machten die Runde. Der Abgeordnete Todenhöfer schrieb, im Schlafwagen käme die Union nicht an die Macht, und der Verlierer Barzel bemängelte, daß noch nie ein Kanzler so gemütlich regiert habe wie der jetzige. Zu keiner Zeit hatte Helmut Kohl weniger Freunde als an der Jahreswende 1978/79. Man braucht nur die Überschriften damals erschienener Artikel zu lesen und glaubt sich in ein Geisterhaus versetzt: «Kohls Talfahrt – guter Mann ohne Glück» («Welt» vom 17.5.1979); «Die Ära Kohl geht zu Ende» («Quick» vom 7.6.1979); «In der CDU wächst die Unzufriedenheit mit Kohl» («FAZ» vom 10.1.1979); «Zum Verlieren bestellt» (Rudolf Augstein im «Spiegel», 3/1979). Der Bonner Korrespondent der «Frankfurter Rundschau» registrierte damals, daß die Kohl-Postkarten aus der Buchhandlung am Bundeshaus verschwunden waren. Auf seine Nachfrage bekam er die Antwort: «Wir haben ihn aussortiert, denn wir sind immer unserer Zeit voraus.»[14] Hinzu kam, daß sich der Oppositionsführer mit dem Kanzler schwertat. Helmut Schmidt war ein begnadeter Schauspieler, der gut ausgeleuchtet die geringen Erfolge einer zerstrittenen Koalition wie Preziosen darbot. Arrogant bis zur Unverschämtheit, wurde der «Weltökonom» doch von den Wählern bewundert, die ihm ihre Interessenvertretung eher zutrauten als dem provinziellen Pfälzer. Zwar war die Republik rheinisch und süddeutsch geprägt, doch Idiom, Habitus und Anspruch des sozialdemokratischen Bundeskanzlers ließen vage Reminiszenzen an Friedrich, Bismarck und Stresemann wach werden. Dieser Mischung war Kohl anfangs nicht gewachsen, in rhetorischen Auseinandersetzungen zog er regelmäßig den kürzeren. Bei Helmut Schmidt war es mehr Schein als Sein, bei seinem Gegenspieler schien, besser gesagt: schimmerte nichts.

Zur Jahreswende versandte Biedenkopf ein Memorandum, in dem er die Trennung von Partei und Fraktionsvorsitz verlangte und letzteren natürlich für sich beanspruchte. Das Papier fand Kohl in der Post, als er aus dem Winterurlaub zurückkehrte, den Inhalt hatte er zuvor schon den Zeitungen entnehmen dürfen. Auf dieses Ereignis anspielend, hat Kohl einmal auf die Frage, warum er nicht längst schon seine Memoiren in Angriff genommen habe, entgegnet: «Lieber nicht, ich müßte zu viel menschlich Unanständiges enthüllen.»[15] Die Intrige scheiterte. Wie so oft vorher und nachher hatte Biedenkopf keine Mehrheit in den entscheidenden Gremien und stimmte am Ende selbst gegen den eigenen Vorschlag. Doch die Krise hielt an. Im Frühjahr machte Kohl instinktiv oder wohlüberlegt das einzig Richtige – er zog seinen Anspruch auf die Kanzlerkandidatur zurück und schlug den niedersächsischen Ministerpräsidenten Ernst Albrecht vor. Die Fraktion entschied sich für Franz Josef Strauß, der nun beweisen konnte, was in ihm steckte. Kohl unterstützte den Kandidaten nach Kräften; 44,5 Prozent in der Bundestagswahl 1980 bestätigten allerdings den allgemeinen Befund – die Wähler wollten keinen Bundeskanzler Strauß. Grollend zog sich der Geschlagene nach Bayern zurück. Helmut Kohl hatte die Talsohle durchschritten. Die sozialliberale Koalition ging nur zwei Jahre später zu Ende, und Helmut Kohl wurde – so wie er es immer gewollt hatte – Bundeskanzler einer CDU/FDP-Regierung. Den Wunsch von Strauß, sofort wählen zu lassen und so die FDP zu vernichten, ignorierte er. Helmut Kohl fürchtete eine absolute Mehrheit, die ihn den Unwägbarkeiten eines Außenministers Strauß ausgeliefert hätte. Auch wußte Kohl, daß spätestens die nächste Bundestagswahl eine absolute Mehrheit wieder relativiert hätte, ohne daß der Union dann ein sicherer Partner zur Verfügung stehen würde. Die Koalitionsverhandlungen gestalteten sich problemlos. Das Bündnis mit der FDP erforderte außenpolitische Kontinuität in der Ost- und Deutschlandpolitik, innenpolitisch wurde das Lambsdorff-Papier, die Scheidungsurkunde der sozialliberalen Koalition, zum Ehevertrag des neuen Bündnisses. Haushaltskonsolidierung, Verringerung der Staatsquote und Begrenzung der Sozialausgaben bestimmten den Neuanfang. Gefahren drohten von der Verratslegende der SPD, die Alfred Dregger die hessischen Landtagswahlen kostete und die geschickt zu einem für Helmut Kohl abträglichen Vergleich mit Helmut Schmidt benutzt wurde. «Jetzt hätten wir endlich einmal einen Bundeskanzler gehabt und nun haben wir Aussicht auf keinen», formulierte

Martin Walser für die Intellektuellen, und die Stimmung der «classe politique» der westlichen Demokratien brachte die «Sunday Times» auf die Formel: «Nach dem großen Bundeskanzler folgt jetzt ein langer.»[16] Das Ergebnis der Bundestagswahlen vom 6. 3. 1983, bei der die Union 48,8 Prozent der Stimmen erhielt und die FDP erhalten blieb, demonstrierte, daß die Intellektuellen nicht das Volk sind und daß die Wähler den Grund für den Wechsel der FDP begriffen und gebilligt hatten.

Die neue Legislaturperiode sah einen Bundeskanzler ohne Fortune. Ausgerechnet ein eher konservativer Politiker hatte Schwierigkeiten mit dem Apparat und den Institutionen. Unregelmäßige Kabinettssitzungen und die Unfähigkeit einiger Mitarbeiter des Kanzlers, seine Arbeit sinnvoll mit Hilfe des Apparates zu ordnen, belebten das Wort von der Führungsschwäche neu. Der neue Bundeskanzler war zudem kein Freund der Medien und diese ihm selten gewogen. Skandale und Affären begannen den Horizont zu verdüstern. Die Wörner-Kießling-Affäre war nicht nur ein Beispiel für die Unfähigkeit eines Ministers und die Ungeschicklichkeit des Kanzleramtes, sie offenbarte auch Defizite der «politischen Kultur» des Kanzlers. Daß diese Affäre nach Umfrageergebnissen und nicht nach moralischen Maßstäben entschieden wurde, entfremdete dem Kanzler auch Meinungsführer aus dem konservativen publizistischen Spektrum. Dies setzte sich mit dem Entwurf eines Amnestiegesetzes für unrechtmäßig vereinnahmte Parteispenden fort. Zwar handelte es sich bei der Flick-Affäre um ein Erbe aus sozialliberaler Zeit und eine Verfehlung aller politischen Kräfte gegenüber der Wirtschaft, der man die rechtswidrige Spendenpraxis nahegelegt hatte, die Art des Vorgehens jedoch wurde allein Kohl zur Last gelegt, während die FDP trotz Anklage und Verurteilung ihres Wirtschaftsministers den Eindruck moralischer Läuterung erwecken konnte. Helmut Kohl hatte zu Beginn seiner Kanzlerschaft eine «geistig-moralische Wende» versprochen, nun holte ihn das Echo dieser letztlich substanzlosen Ankündigung ein. Auch mußte er sich in der zweiten Hälfte der Legislaturperiode mit den Angriffen von Strauß auf seinen Außenminister Genscher herumschlagen, der Kontinuität verkörperte, wo Strauß die Wende einforderte. Reagans nicht ganz freiwilliger Besuch in Bitburg spaltete die öffentliche Meinung in Deutschland und rief erhebliche Irritationen im Ausland hervor. Daß die Bundestagswahlen 1987 keinen Wechsel brachten, hatte die Regierung neben dem anhaltenden wirtschaftlichen Erfolg vor allem der SPD zu verdanken, die noch immer am Schmidt-Syndrom litt und ihren Kanzlerkandidaten Johannes Rau nicht geschlossen unterstützte. Bei dieser Ausgangslage waren 44,3 Prozent für die CDU/CSU mager und lösten sofort einen neuen Streit um Wahlkampfstrategie und Lagerdenken zwischen CDU und CSU aus. Allein die Nachrüstung, die Helmut Schmidt in einen unlösbaren Konflikt mit Fraktion und Partei gestürzt hatte, wurde von der Koalition geschlossen getragen und trotz der größten Massendemonstrationen in der Geschichte der Bundesrepublik auch durchgesetzt. Das Verdienst hieran gebührt in erster Linie Helmut Kohl.

In der zweiten Legislaturperiode verpatzte die Koalition ihre Steuerreform. Richtige Ansätze versanken im Morast einer kleinkarierten Auseinandersetzung um Spitzensteuersatz, Steuerbefreiung für Flugbenzin und die Besteuerung der Nachtzuschläge von Schichtarbeitern. Obwohl die Toren dieser Auseinandersetzung Blüm und Strauß waren, konnte Kohl das Steuertheater nicht beenden, was er mit dem als verhüllte Rücktrittsdrohung mißverstandenen Satz eingestand:

«Ich habe es satt, mich zum Affen machen zu lassen, ich lasse mich nicht wie ein Tanzbär an der Leine herumführen.»[17] Als er dann noch vor dem Mainzer Untersuchungsausschuß zur Parteispendenaffäre eine objektiv falsche Aussage machte, die von Geißler prompt als «Blackout» interpretiert wurde, und in einem «Newsweek»-Interview Gorbatschow mit Goebbels verglich, schienen seine Tage als Kanzler und Parteivorsitzender gezählt. Rüdiger Altmann begründete in der «Zeit», «weshalb Kohl einem Nachfolger Platz machen sollte».[18] Die Unzufriedenheit fand ihren Hebel in der Personalfrage des Generalsekretärs. Kohl und Geißler hatten sich innerlich entfremdet. Geißler verstand sich als geschäftsführender Parteivorsitzender und Hüter der Identität der Partei. Kohl sah seine Stellung als unumschränkter Chef der CDU bedroht. Als Geißler einen Wechsel ins Innenministerium ablehnte, trennte er sich von seinem Generalsekretär. Was sich dann abspielte, verdient die Bezeichnung «Putsch» nicht. Geißler hielt sich für unangreifbar, doch seine Verbündeten wollten Kohl zwar loswerden, aber niemand wollte den ersten Stein werfen. Am Ende kandidierten weder Ernst Albrecht noch Rita Süssmuth, noch Lothar Späth gegen Kohl. Neuer Generalsekretär wurde der Hamburger Volker Rühe. Das Ergebnis dieser mißglückten Schilderhebung war eine fast historisch zu nennende Verklammerung der Partei mit ihrem Vorsitzenden. «Ein Kanzler wie ein Eichenschrank», schrieb Rolf Zundel am 6. 1. 89 in der «Zeit», «viele stoßen sich an ihm, doch keiner kann ihn verrücken.» Helmut Kohl war nun die CDU und die «moderne Volkspartei» wieder zum Kanzlerwahlverein mutiert. Im September 1989 glaubte niemand, daß Helmut Kohl noch einmal Wahlen gewinnen könnte, wenige Wochen später bot ihm der Zusammenbruch des Kommunismus die historische Chance, als

Kanzler der deutschen Wiedervereinigung in die Geschichte einzugehen, eine Chance, die Kohl klug nutzte, wodurch er erst die Volkskammerwahlen und anschließend die ersten gesamtdeutschen Wahlen für sich entschied.

Helmut Kohl hatte an die deutsche Wiedervereinigung sowenig geglaubt wie alle westdeutschen Politiker, doch er begriff schneller als die meisten, mit der Ausnahme von Brandt, daß die Geschichte diese Richtung einschlug, und es gelang ihm im Dreischritt Währungsunion–Westbindung–Wiedervereinigung die gefährliche Falle eines Wahlzwangs zwischen NATO-Mitgliedschaft und Wiedervereinigung zu vermeiden und das neue Deutschland mehr oder minder im Einklang mit allen seinen Nachbarn zu etablieren, wenngleich die lange hinausgezögerte Anerkennung der Oder-Neiße-Grenze bei den Polen Irritationen hervorrief. Was außenpolitisch glückte, mißriet allerdings im Inneren. Falsche Analysen, Halbheiten und nicht eingelöste Versprechungen belasten den Einigungsprozeß bis zum heutigen Tage. Stille Freude ist längst lauter Depression gewichen, und die Bundesregierung hat noch immer kein Konzept zur Vollendung der inneren Einheit gefunden. Die Auswahl des falschen Kandidaten, Steffen Heitmann, für das Amt des Bundespräsidenten war auch einer der zahllosen Versuche, die trotz hoher Transferleistungen unzufriedenen Ostdeutschen mit dem Zustand der Dinge zu versöhnen.

Zu Beginn des Jahres 1994 sieht es nicht so aus, als ob Helmut Kohl noch einmal eine regierungsfähige Mehrheit erringen kann, doch zeigt der kurze Abriß seiner Karriere, daß schon oft Nachrufe auf ihn geschrieben wurden, die verfrüht waren – auch diesmal ist ein Comeback nicht ausgeschlossen. Helmut Kohl ist durch eigenes Verdienst und glückliche Umstände zu einer historischen Figur geworden. Er ist wie kein anderer lebender Politiker ein Repräsentant der alten Bundesrepublik an der Schwelle zur neuen. Sein Abgang wäre ein Zeichen dafür, daß eine Epoche unwiderruflich zu Ende ist.

Die alte Ordnung

Es gehört zu den ironischen Kapriolen des Einigungsprozesses, daß so mancher Konservative, der die Bundesrepublik über Jahre gestützt und verteidigt hatte, ihr angesichts der Einigung die Treue brach, wohingegen nicht wenige Linke, die sie zu ihren Lebzeiten als unvollkommen und restaurativ von sich gewiesen hatten, sie im Untergang in ihr Herz schlossen. Den einen war sie eine historische Kümmerexistenz in einer Nische der Weltgeschichte, apolitisch, fremdbestimmt und im Sybaritismus versinkend[19], den anderen wurde sie im Vergehen zum Modellfall aufgeklärter Staatlichkeit, eine «civil society» auf dem Weg zur herrschaftsfreien Kommunikation.[20] Beide Positionen überzeichnen, und doch enthalten beide mehr als nur ein Körnchen Wahrheit.

Die Bundesrepublik hatte bei ihrer Gründung im Jahre 1949 Startchancen, die uns erst heute, da sie bedroht scheinen, recht bewußt werden. Schon die räumliche Begrenzung erwies sich als Glücksfall. Das alte Reich mußte den Spannungsbogen zwischen rheinischem Katholizismus und ostpreußischem Pietismus aushalten. Köln verband fast nichts mit Königsberg, die Pfalz nichts mit der Uckermark. Wolf Jobst Siedler hat einmal davon gesprochen, daß man Deutschland in das Weinland im Westen, das Bierland in der Mitte und das Schnapsland im Osten teilen könne, das dann umstandslos in die slawische Wodkawelt übergehe.[21] Historischer ausgedrückt kann man davon sprechen, daß die alte Bundesrepublik in ihrem Kern Limesland, also römisches Erbe war, daß die vormalige DDR bis zur Elbe das ottonische Deutschland umfaßte, in dem die mittelalterlichen Kaiser gotische Dome mit römischen Ziegeln gebaut hatten, und daß östlich der Elbe Kolonialland lag, Ostelbien eben. War das Hohenzollernreich evangelisch geprägt, so war die alte Bundesrepublik konfessionell ausgeglichen. Doch da die Stätten deutscher Innerlichkeit – Wittenberg und Naumburg, Eisleben und die Wartburg – aus dem Blickfeld verschwunden waren, prägte das katholische Deutschland den Weststaat stärker als sein evangelisches Element. Es fiel der alten Bundesrepublik folglich auch nicht schwer, sich in die angelsächsische Weltzivilisation einzufügen; denn der Rhein hatte schon immer Teil an der westeuropäischen Entwicklung, an römischem Institutionendenken, an Renaissance, Aufklärung und den Idealen von 1789. Rom, London, Paris, Dublin und Washington sind einander viel näher als jede dieser Städte zu Berlin, Warschau oder Budapest. Der alte Stechlin blickte nach Osten, nach Rußland, nicht nach Westen, ganz anders der Düsseldorfer Jude Heine und der rheinische Katholik Adenauer. Trotz Kant und Humboldt war das Gesicht Preußens gen Osten gewandt, schließlich war Preußen im Siebenjährigen Krieg und in den Befreiungskriegen von Rußland gerettet worden und auch Bismarcks Einigungswerk nur durch den Seitenwechsel Rußlands nach dem Krimkrieg möglich gewesen. Unsere westlichen Nachbarn haben diese Veränderung Deutschlands sehr viel schärfer gesehen als wir selbst. Graf Krockow zitiert in seinem Buch «Die Deutschen in ihrem Jahrhundert» einen Holländer mit den Worten: «Ihr Deutschen klagt immer darüber, daß 1945 der Osten so weit vorgedrungen ist bis an die

Elbe und die Werra. Für uns sieht es anders aus: Die Grenze Westeuropas ist um ein paar hundert Kilometer von Aachen bis Helmstedt nach Osten vorverlegt worden.»[22]

Der Fortfall der Provinzen, aus denen die Führungsschichten des Hohenzollernreiches kamen, hatte aber auch eine personale Folge, die zugleich Verlust und Gewinn bedeutete. Diejenigen, die die deutsche Großmachtpolitik getragen und den deutschen Weg zwischen West und Ost verkörpert hatten, waren ihrer materiellen Basis beraubt. Was der Nationalsozialismus begonnen hatte, vollendete seine Niederlage. Zum letzten Male waren die großen preußischen Namen am 20. Juli 1944 in Erscheinung getreten. Im Aufbäumen gegen Hitler verblutete sich der preußisch-deutsche Konservativismus. Nach dem Kriege gab es jenes Deutschland nicht mehr, das sich von der politischen Kultur Westeuropas dadurch zu unterscheiden suchte, daß es die «volkhafte Lebensordnung» über den bürgerlichen Staat stellte.[23] Eine Neuauflage der Politik der Brockdorf-Rantzau und Schulenburg war weder machtpolitisch noch räumlich, noch geistig möglich.

Die nachwachsende Generation, in jüngster Zeit abwertend als «Jalta-Generation» tituliert[24], wandte sich deshalb entschlossen nach Westen. Die einen suchten der irrationalistischen deutschen Tradition durch die Hinwendung zum linken Hegel und einem «westlich gelegenen Marx» zu entkommen[25], die anderen entdeckten in Burke und Tocqueville jenen demokratischen Konservativismus, den Heidegger und Carl Schmitt in Deutschland zuerst verdrängt und schließlich zerstört hatten. Sosehr die 68er-Revolte auch «Linke» und «Rechte» trennen sollte, einig blieben sie sich in der Überzeugung, daß es einen gesonderten deutschen Weg nicht mehr geben konnte. Fast spurlos verschwanden die letzten Vertreter einer nationalen Tradition aus dem literarischen und öffentlichen Leben. Reinhold Schneider, Hans-Joachim Schoeps und Ludwig Dehio wecken heute nur noch vage Erinnerungen an eine kulturelle Traditionslinie zwischen Weimar und Potsdam, die im Niemandsland endete. Allein Gerhard Ritters Versuch, das Recht des von der Exekutive geprägten kontinentalen Machtstaates gegen die von der Legislative beherrschten insularen Mächte England und Amerika zu behaupten, gewann in der «Fischer-Kontroverse» noch einmal eine gewisse Dynamik. Doch obwohl Ritter in der Kriegszieldiskussion eher recht und Fischer eher unrecht hatte, waren es gerade die Ritterschen Grundprinzipien einer machtstaatlichen, vom Westen getrennten preußisch-deutschen Tradition, die seinem Standpunkt die Wirkung raubten. Während die «Rechten» das westliche Deutschland konsequent in die transatlantischen Institutionen einfügten, bekämpften die «Linken» diese Institutionalisierung ihrer mentalen Westbindung als Restauration des Kapitalismus. Entlang dieser Scheidelinie verlief auch der 68er-Konflikt. Was für die einen ein Gewinn an Homogenität und Weltoffenheit war, erscheint den anderen als ein Verlust an Urbanität und geistiger Tiefe.

Karl-Heinz Bohrer hat in seinen bitteren Marginalien zum Provinzialismus[26] das Versagen der bundesrepublikanischen «classe politique» im Golfkrieg gegeißelt und ihr ihre Flucht aus dem Politischen vorgeworfen. Dabei hat er den Verlust der alten politischen Führungsschichten für die «intellektuelle Begrenzung und die kulturelle Niveaulosigkeit» der neuen kleinbürgerlichen Politikergeneration verantwortlich gemacht, die er in Kohl und Lafontaine repräsentiert sieht. Nicht erst der Betroffenheitskult in der Nachfolge der 68er, sondern bereits das Aufgeben der existentiellen metaphysischen Dimension in den 68er und 70er Jahren habe Deutschland als eine geistige Möglichkeit ausgelöscht. Doch die Bindung an den Westen setze eine eigene akzeptierte Identität voraus, die das Erbe nicht schematisch in rational und irrational unterteile, da ebendiese Selbstverstümmelung der tiefere Grund für den Mangel an Existenzwillen und Handlungsbereitschaft in der alten Bundesrepublik sei.

Diese Kritik, die jüngst Botho Strauß in seinem «Anschwellenden Bocksgesang» wiederaufgenommen hat[27], zielt zugleich auf jene «political correctness», die schon die Frühromantik in den deutschen Sonderweg einbiegen sieht und mit Ernst Jüngers «Arbeiter» auch seine «Marmorklippen» verwirft. Die alte Bundesrepublik, so ihre Kritiker, habe ein Milieu hervorgebracht, das «betont kommunikativ, aber evasiv, liebenswürdig, aber ängstlich, programmatisch-ideologisch, aber undeutlich und unkonkret» sei.[28] «Daß ein Volk sein Sittengesetz gegen andere behaupten will und dafür bereit ist, Blutopfer zu bringen, das verstehen wir nicht mehr und halten es in unserer liberal-libertären Selbstbezogenheit für falsch und verwerflich.»[29] Diesen nicht unberechtigten Einwänden gegen unsere «alltägliche Vernünftigkeit» kann man nur mit einem Rückgriff auf Edmund Burke begegnen, der das «bundesrepublikanische Sittengesetz» bereits in seiner Auseinandersetzung mit dem Extremismus der Französischen Revolution formuliert hat: «Alle Regungen, ja alle menschlichen Freuden und Genüsse, jede Tugend und jede kluge Handlung ist auf einen Kompromiß, eine Balance, gegründet, wir wägen Schwierigkeiten und Unannehmlichkeiten ab, wir nehmen und geben, wir nehmen einige Rechte nicht in Anspruch, damit wir uns anderer erfreuen können, und wir wollen lieber glückliche Bürger als spitzfindige Disputanten sein.»[30] Nachdem die Deutschen lernen mußten, daß die Freund-Feind-Unterscheidung Schmittscher Observanz zur Krisenbewältigung nicht geeignet ist, entschieden sie sich für die Konsenssuche als ein Gegenmodell. Nicht Ausgrenzung, sondern Einhegung wurde die Zauberformel der alten Bundesrepublik. Es war der Abschied von dem tragischen Versuch, «mit welch geistigen und moralischen Mitteln auch immer – uns selbst als besondere Kategorie, die Metaphysik des Ichs gegen eine internationale Regel ins Feld zu führen».[31]

Kurzschlüsse, die in Verurteilungen münden, sind immer gefährlich – dennoch gab es natürlich eine Verbindungslinie von Fichtes nationaler Metaphysik über die Verwerfung der Modernität und der rationalistischen Tradition durch den «Rembrandt-Deutschen» hin zu «Bruder Hitler». Diese Verbindungslinie, die das Scheitern des deutschen Weges nach Europa symbolisiert und an deren Ende die Ersetzung des «Ich» durch das «Es» in der Heideggerschen Philosophie stand, brach 1945 ab. Daß dabei auch kulturelle Verluste zu beklagen sind, steht außer Frage. Doch die Gewinne überwiegen. Zum ersten Mal ist die parlamentarische Demokratie westeuropäischer Prägung fest in Deutschland verankert. Zum ersten Mal ist es den Deutschen gelungen, Konfliktlösungsmodelle zu entwickeln, deren Fehlen die Republik von Weimar zerstört hat, zum ersten Mal hat sich in Deutschland eine zivile bürgerliche Gesellschaft gebildet, hat Deutschland Abschied genommen vom lutherischen Gemeinschaftsideal. Das erste Mal haben die Deutschen ein gesellschaftliches Mindestmaß an Toleranz ausgebildet, zum ersten Mal hat auch eine politische Klasse in Deutschland pragmatischen Realismus als Tugend begriffen. Die Staatsräson der Bundesrepublik stützt sich nicht wie die des Kaiserreiches auf zwei Augen, deren Erlöschen den Staat zum Schiff ohne Steuermann werden ließ.

Vor diesem Hintergrund ist die Welt, in der wir noch leben, leicht zu skizzieren. Die Bundesrepublik ist eine demokratische Industriegesellschaft, deren Klassenstruktur weit schwächer ausgebildet ist als die der klassischen Demokratien. Dies bedeutete von Anfang an die Suche nach dem Kompromiß als einer Strategie zur zivilisierten Beilegung von Konflikten, wenn nicht gar zu ihrer Vermeidung. Die Schlüsselworte der westdeutschen Gesellschaft sind Stabilität und Konsens. Schon am Beginn der zweiten deutschen Demokratie stand mit der sozialen Marktwirtschaft ein Ordnungsbegriff, der Ausgleich und Partnerschaft signalisierte. Alle Begriffe, die im öffentlichen Leben der Bundesrepublik eine Rolle gespielt haben, atmen diesen Geist der Konfliktvermeidung. Mitbestimmung, Friedenspflicht, innerer Friede, sozialer Friede, soziales Netz, Sozialpartnerschaft, Sicherheitspartnerschaft, konzertierte Aktion und Solidarpakt. Zu keiner Zeit hatte jene kalte Marktgesellschaft, die Margaret Thatcher und Präsident Reagan vorschwebte, in diesem Lande eine Chance. Die manchmal beklagten Verkrustungen – ob beim Ladenschluß, in der Tarifpolitik oder auf dem Arbeitsmarkt – sind die Folge eines leidenschaftlichen Sicherheitsbedürfnisses, das in dem Wahlkampfslogan der 50er Jahre: «Keine Experimente» einen überzeitlichen und allgemeingültigen Ausdruck fand. Das Bild des Staates als einer Versicherungsgesellschaft auf Gegenseitigkeit hat sich weit von der Hegelschen Staatsmystik entfernt. Dem Streben nach gesellschaftlichem Konsens entspricht die Ausrichtung der deutschen Politik und ihrer Institutionen auf die politische Mitte. Risikovermeidung um jeden Preis mag auch die Folge des Fehlens einer homogenen Führungselite sein, da dieser Mangel fast zwangsläufig durch das Streben nach Konsens und institutionellem Zwang zu politischer Gemeinsamkeit ausgeglichen werden muß.[32] Wie in der Innenpolitik, so bestand in der alten Bundesrepublik am Ende auch Konsens über die Außenpolitik, obwohl hier anders als bei den gesellschaftlichen Grundlagen die leidenschaftliche politische Debatte am Anfang stand und alle Grundentscheidungen gegen den Widerstand einer beträchtlichen Minderheit durchgesetzt werden mußten. Das galt für die Wiederaufrüstung, die NATO-Mitgliedschaft, die Gründung der Europäischen Gemeinschaft, die Brandtsche Ostpolitik und die Nachrüstung. Was heute klar und einleuchtend erscheint, war am Anfang weit umstrittener als die gesellschafts- und wirtschaftspolitische Ausrichtung der Republik. Das eigentlich Neue an der alten Bundesrepublik ist die Selbstverständlichkeit, mit der ihre Bürger sich als Teil des Westens und seiner politischen Kultur, als Teil einer immer enger zusammenwachsenden Gemeinschaft europäischer Nationen empfinden, europäische Integration und atlantische Ligaturen gehören heute (noch!) zum Kernbestand deutscher Staatsräson.[33]

Erstaunlicherweise hat die Revolte von 68 weder die innenpolitischen Grundlagen der Republik noch die außenpolitischen Richtungsentscheidungen in Frage gestellt. Dennoch war sie eine Zäsur für die bundesrepublikanische Gesellschaft, über deren Auswirkungen und Folgen noch immer gestritten wird. Doch während die konservative Publizistik noch immer alles Unheil dieser Welt mit dem Jahre 68 beginnen läßt[34] und dabei übersieht, daß diese Revolte die Folge eines «konservativen» Modernisierungsschubs mit gesellschaftlichen Auflösungstendenzen in Richtung auf mehr Wohlstand, mehr Freiheit und damit verbunden größeren Wahlmöglichkeiten war, sind die damaligen Revolutionäre merkwürdig still geworden oder haben sich zu Kritikern der gesellschaftlichen Folgen von 68 gemausert.[35]

Betrachtet man das Ende und nicht den Prozeß, so halten sich Negatives und Positives die Waage. Zu den Erbübeln von 68 muß man nach wie vor die Dominanz eines marxistischen Weltbildes rechnen, das den Ordoliberalismus verdrängte und uns in theoretischer Hilflosigkeit zurückgelassen hat. Die Rückkehr von Heidegger und Carl Schmitt hat auch damit zu tun, daß die Gedanken von Eucken, Röpke, Rüstow, Böhm und Müller-Armack nicht weiterentwickelt wurden und jetzt das theoretische Werkzeug zur Bewältigung der Krise fehlt. Die modische Verflachung von Erziehung und Bildung, die Aushöhlung traditioneller Institutionen wie die Auflösung des Politischen in einer zur Handlungsunfähigkeit verdammenden Betroffenheit sind weitere Negativa. Die Geringschätzung des Formalen und das Leugnen des Existentiellen haben die schon vorhandene Neigung verstärkt, alle Konflikte durch Sozialarbeit und Gesprächstherapie, durch Appelle an den «common sense» und gutes Zureden zu überwinden.

Doch den Verlusten stehen auch Gewinne gegenüber. Das Zerstörungspotential von Großtechnik ist uns seit Friedrich Georg Jüngers berühmtem Buch geläufig, ins tägliche Bewußtsein wurde es trotz Hiroshima erst von den Grünen gehoben. Daß wir Lebenswelten nur in dem Umfang und in der Geschwindigkeit preisgeben können, wie sich neue entwikkeln, daß der Markt zwar Güter, aber keine Traditionen reproduziert, gehört ebenfalls zu den neueren Einsichten. Daß die Verlangsamung des Fortschritts eine Notwendigkeit für das Wohlbefinden der Menschen wie für die Kohärenz von Gesellschaften ist, wäre in den Anfangsjahren der Bundesrepublik nicht verstanden worden. Die Bewahrung des Romantischen, des Verspielten, des Individuellen gegen demokratische Egalität und wirtschaftliche Rationalität ist gleichfalls ein Stück – vielleicht sogar ungewollter – Betroffenheitserkenntnis. Die Zivilisierung des Politischen im Umgang mit anderen Völkern gehört ebenfalls hierher. Zeigt uns doch der Bürgerkrieg in Jugoslawien, was es für die Menschen heißt, wenn ein Volk sein Sittengesetz mit Blutopfern gegen andere behauptet.

Mag die «Toskana-Fraktion» heute Symbol für den Verlust des Politischen in den 68er-Generation sein, die zivilisierende Wirkung selbst oberflächlichster Tourismuserfahrungen läßt sich nicht leugnen. Während die ältere Generation trotz ihres «differenzierten Sprachwissens» und ihrer «kulturellen Erfahrung» mit Italien noch den «Verrat» von 1915 und 1943 verbindet, schätzen die Jungen Pinot Grigio und Bardolino. Sie sind damit trotz aller Bildungsverluste des Massentourismus in den Schoß jener weltbürgerlichen deutschen Tradition zurückgekehrt, die besonders im 18. und im frühen 19. Jahrhundert bestrebt war, sich fremde Lebens- und Kulturformen anzuverwandeln, auch wenn das politisch-kulturelle Interieur der bereisten Länder vielen verschlossen bleibt. Der Widerspruch zwischen Lebenswelt und Politik hat sich aufgelöst, und die antiamerikanisch kostümierte Revolte ist am Ende in eine weitere Verwestlichung Deutschlands gemündet. Statt des Marxismus und des Maoismus obsiegte die Pop- und Hippiekultur und die 68er wurden die kulturellen Erben Adenauers, ihre intellektuellen Wortführer zu Verfechtern der Westintegration. Wenn Jürgen Habermas sich heute zu Helmut Kohls Außenpolitik bekennt[36], dann zeigt das auch die gewaltige Integrationsleistung der deutschen Nachkriegsgesellschaft, deren erster innenpolitischer Härtetest die Überführung des Generationenkonflikts in einen neuen Konsens war.

Betrachtet man die bundesrepublikanische Gesellschaft in

den 80er Jahren, so stellt sie sich als eine reife, ausdifferenzierte Gesellschaft dar, in der die vielfältigen und individualisierten Privatwelten die Uniformität der Arbeits- und Warenwelt kompensieren. Die Errungenschaften der Vielfalt wie der Emanzipation des liberalen Individuums ermöglichen aber auch den libertären Hedonismus und Narzißmus, die Rationalität und Disziplin als die Grundlagen ihrer Ermöglichung zerstören können. Mit den Worten des verstorbenen Historikers Nipperdey: «Wo aber Einheit ist, wächst das Spaltende auch.»[37] Doch dies ist das klassische Problem aller reifen Gesellschaften. Die Auflösung des Politischen in höchst unbestimmbaren Gefühlswelten, Hedonismus und Pazifismus, wie das immerwährende schlechte Gewissen der führenden Schichten, waren auch typisch für das England Eduards VII. Vita Sackville-West hat diesen Erosionsprozeß in den «Edwardians» gültig beschrieben, und wir finden im Ansatz in diesem Buch fast alles, was die Kulturpessimisten beklagen: Genußsucht und Entscheidungsschwäche, notorisch schlechtes Gewissen der Herrschenden und den Unwillen, den politischen Realitäten ins Auge zu sehen. Die kulturelle Überzeugung wird zur Pose ästhetischer Lebensstile und die Kraft zur Gestaltung zerrinnt in schwächliches Epigonentum, wie es Byron in seiner «Ode an Venedig» von einer funktionsunfähigen Elite gemalt hat: «Jedoch in ihrem Schlaf nur murren sie / verschieden von den Vätern ganz – gleichwie / der Ebbe dunkelgrüner Schlamm auch immer / verschieden ist von frischem Flutenschimmer.» In diesen Zusammenhang gehört auch jenes berühmte Votum der Oxford Union, nicht für König und Vaterland zu fechten. Harold Nicolson hat sehr viel später unter Hinweis auf die Ästheten des Bloomsbury-Kreises davon gesprochen, daß sie alle Schuld auf sich geladen hätten, da sie die politische Ordnung nicht zu verteidigen wußten, als es notwendig war. Trotz dieser Gefährdungen bleibt die Geschichte der Bundesrepublik in den letzten vierzig Jahren historisch eine ununterbrochene Erfolgsgeschichte, auf die jene «Whig Interpretation of History» zutrifft, die das Geschehen als eine – wenn auch umkämpfte – Entwicklung zu mehr Toleranz, mehr Freiheit und mehr Demokratie begreift. Der wirtschaftliche Erfolg hat die Teilhabe immer breiterer Schichten an dieser Entwicklung ermöglicht.

Ein hartes, aber am Ende dennoch gütiges Geschick hat das Gesicht Deutschlands gewaltsam nach Westen gewendet. Doch dies ist kein neuer Sonderweg, wie jetzt behauptet wird[38], sondern die Erfüllung deutscher Geschichte. Denn die Idee des Reiches war jahrhundertelang europäisch, nicht deutsch. Das nationale Selbstbild der Deutschen beruht auf einem «selektiven Grundriß»[39] der Geschichte, den Treitschke im 19. Jahrhundert mit der deutschen Mission Preußens ideologisch überhöhte, wodurch zur Normalität werden sollte, was historisch gesehen die Ausnahme war. In der Bundesrepublik hat sich der Kreis geschlossen. Denn ihre Staatsdoktrin war eben nicht nur Ausdruck eines rheinischen Provinzialismus, sondern auch Anknüpfung an verschüttete deutsche Traditionen, an Goethes und Humboldts Weltbürgertum ebenso wie an Thomas Manns hanseatische Bürgerlichkeit. Was vom Weströmischen Reich über die Karolinger, die Ottonen und die Staufer zu Karl V. führte, was dann nach über fünfzehnhundert Jahren Dauer für dreihundert Jahre unterbrochen war, um für achtzig Jahre eine vergängliche Form anzunehmen, kehrte zu seinen Ursprüngen zurück. Die Deutschen in der Bundesrepublik haben in den vergangenen vierzig Jahren nach Europa zurückgefunden, da sie das Jahr 1945 darüber belehrt hat, daß Karl V. gegenüber Luther letztlich im Recht war. Helmut Kohl ist in seinen Erfolgen wie in seinen Mißerfolgen, in seinen Stärken wie in seinen Schwächen ein Repräsentant dieser Ordnung.

Der Politiker

Der Politiker Helmut Kohl ist viel gescholten worden und hat nur selten Anerkennung gefunden. Während dem Staatsmann nach der außenpolitisch geglückten Vereinigung der beiden Teile Deutschlands im Ausland wie im Inland Lorbeerkränze geflochten wurden, hat das Bild des Politikers davon nicht profitiert. Sein Profil blieb in den Zielen unscharf und in den Methoden umstritten.

Tatsächlich fällt es schwer, Helmut Kohl mit einer gesellschaftspolitischen Vision oder auch nur einer innenpolitischen Leitidee zu identifizieren, obwohl in den zehn Jahren der Kanzlerschaft Helmut Kohls viel reformiert wurde. Doch die Steuerreform, eine Rentenreform, mehrere Gesundheitsreformen, Postreform und Bahnreform sowie die soeben verabschiedete Pflegeversicherung verschmolzen nicht zu einem Reformblock, der unverwechselbar die innenpolitische Leistungsbilanz des Kanzlers markiert, wie es die Einführung der sozialen Marktwirtschaft, die paritätische Mitbestimmung, das Betriebsverfassungsgesetz, der Lastenausgleich, die ersten Rentengesetze und selbst noch die umstrittenen Notstandsgesetze in den Anfangsjahren der Republik vermochten. Während die CDU damals für Westbindung, Marktwirtschaft und sozialen Ausgleich mit politischen Namen einstand, wirkten die Reformen der Kohl-Jahre eher peripher, mehr wie Reparaturen denn Innovationen, mehr wie Stückwerk als Maßnahmen aus dem Archimedischen Punkt eines geschlossenen Gesellschaftsbildes. Das hat zunächst einmal etwas mit ihrer Präsentation zu tun. Fast alles, was am Ende Gesetz wurde, war in der Öffentlichkeit, aber auch in den Koalitionsparteien so umkämpft, wurde von den eigenen Mannen so zerfleddert, daß es am Ende von den meisten nicht als Erfolg, sondern als Ergebnis eines Erschöpfungsprozesses angesehen wurde. Klassische Beispiele sind die Asylgesetzgebung und die Steuerreform. Doch während erstere das Ergebnis eines langen weltanschaulichen Streites war, wurde die letztere in einer höchst überflüssigen Gerechtigkeitsdiskussion ruiniert. Statt den Grundgedanken von Reagans Steuerreform – Verringerung der Steuerlastquote bei gleichzeitiger Verbreiterung der Bemessungsgrundlage – aufzunehmen, verhedderte man sich in zahllosen Einzelmaßnahmen, die die Idee der Steuergerechtigkeit zerfasern ließen. Am Ende ging es um den Spitzensteuersatz, den «Mittelstandsbauch», die Quellensteuer, das leidige Flugbenzin und das Dienstmädchenprivileg, und niemand erinnerte sich mehr, weshalb die Steuerreform in Angriff genommen worden war. Was als ordnungspolitische Maßnahme zur Sicherung des Standortes Bundesrepublik geplant war, endete im Morast einer Verteilungsdiskussion, bei der die Regierung die schlechteren Argumente hatte. So blieb am Ende nur der Erfolg eines ununterbrochenen Wirtschaftsaufschwungs, dessen Gewinne – Geldwertstabilität und Vollbeschäftigung, Rückführung der Staatsquote und geringere Steuerlast – in den Wirren der Einigung verlorengingen.

Doch selbst wenn man die hier gemachten Fehler, die eine gesonderte Betrachtung verdienen, einmal beiseite läßt, so fehlt dieser innenpolitischen Bilanz gerade das, was Helmut

Kohl versprochen und wofür er in seinen Anfangsjahren von allen Seiten gelobt worden war – die «geistig-moralische Erneuerung». Der junge Helmut Kohl war in Rheinland-Pfalz als Reformer der Mitte angetreten und erfolgreich gewesen, als konservativen Reformer im Bund wünschten sich ihn manche, die ihn gewählt hatten. Die Hoffnungen waren so diffus wie die Befürchtungen. Sie reichten von einer nationalen Renaissance über eine Wiederbelebung der geschmähten Sekundärtugenden, eine wertkonservative Ordnungspolitik bis hin zum ökologisch-marktwirtschaftlichen Umbau der Gesellschaft. Helmut Kohl hat keine dieser Erwartungen erfüllt und dadurch nicht nur im «linken Medienblock» Kritik hervorgerufen. «Prinzipientreue ohne Grundsätze in einer Gesinnungsgemeinschaft ohne Überzeugung», so hat Konrad Adam polemisch überspitzt das Verhältnis zwischen CDU und Parteivorsitzendem beschrieben.[40] Seine Kritik galt dem Mangel an werthaltiger politischer Substanz, der Ökonomisierung der Gesellschaft wie des Politischen, der Reduzierung aller öffentlichen Angelegenheiten auf eine einfache Gewinn- und Verlustrechnung und den moralischen Defizienzen der Handelnden. Er hat damit – identisch fast bis in die Wortwahl hinein – die Kritik Disraelis an dem «Middle-of-the-road-Konservativismus» Peels wiederholt, die sich in seinem Roman «Coningsby» findet. Das Wahlmanifest Peels von 1834 war ein Versuch – so Disraeli – «eine Partei ohne Prinzipien zu konstruieren; ihre Basis war daher notwendigerweise Unverbindlichkeit, die unvermeidliche Konsequenz daraus war politische Treulosigkeit».[41] Was, so fragt Disraeli weiter, will man eigentlich bewahren? «Die Vorrechte der Krone, wenn sichergestellt ist, daß sie nicht ausgeübt werden, die Unabhängigkeit des House of Lords, wenn sichergestellt ist, daß die Lords sie nicht nutzen, die Kirche, wenn sichergestellt ist, daß sie von der Regierung gelenkt wird, kurzum alles, was etabliert ist, solange es nur eine Phrase und keine Tatsache ist. Konservativismus war ein Versuch, alles weiterlaufen zu lassen wie bisher, indem man einfach die Erfüllung der Amtspflichten durch Ausübung der Regierungsfunktionen ersetzte... Konservativismus kümmert sich nicht um alte Rechte, scheut Prinzipien und trifft keine Vorkehrungen für die Zukunft. Es ist offensichtlich, daß ein solches Bündnis unter günstigen Bedingungen eine Zeitlang Erfolg haben kann; aber es ist ebenso klar, daß ein Zusammentreffen von besonders ungünstigen Umständen, also in einer jener Krisen, wie sie sich in allen Staaten periodisch ereignen und wie sie von einem so uninspirierenden System letztlich sogar selbst geschaffen werden müssen, absolut keine Widerstandskraft vorhanden sein wird.»[42]

Man ersetze die britischen Verfassungsinstitutionen durch Ordnungspolitik oder Steuergerechtigkeit, den Generationenvertrag oder die Bildungsinstitutionen, und schon hat man die Summe der Vorwürfe gegen Kohls unaufregende Status-quo-Politik. Nun hat Disraeli sich später wie Kohl damit gerechtfertigt, daß man gesellschaftliche Veränderungen nicht rückgängig machen, die alte Ordnung nicht restaurieren und den Zeitgeist nicht unterdrücken könne. Somit bliebe letztlich nur Anpassung und der Versuch, negative Entwicklungen in ihren Folgen zu minimieren. Eine Mehrheit wollte weder damals noch in den 80er Jahren eine grundsätzliche Wendung, sie wollte die Sicherung des wirtschaftlichen Wohlstandes und die Emanzipationsgewinne, sie wollte den Brandtschen Reformschub ohne seine Überspitzungen und negativen Folgen. Sie wollte in der Tat Whig-Taten und Tory-Prinzipien. Kohl, der in seiner Doktorarbeit das im Dom zu Speyer besiegelte pfälzische Bündnis zwischen Zentrum und Sozialdemokratie beschrieben hat, war weder ein Konservativer noch ein Ordoliberaler, weder ein Reformer noch ein Bewahrer. Er blieb auch als Kanzler ein Mann der Mitte, der diffusen Pluralität des Sowohl-Als-auch.

Die von vielen beklagte Sozialdemokratisierung der CDU entsprach der Sozialdemokratisierung der Gesellschaft, sie war Ausdruck der Konsensdemokratie und des Sicherheitsbedürfnisses. Kohls Abgrenzung von den Sozialdemokraten war folglich eher eine machtpolitische denn eine geistige. Als Edmund Burke um die Mitte des 18. Jahrhunderts für die Whigs ein Reformprogramm entwarf, um ihren Anspruch, die natürliche Regierungspartei Englands zu sein, neu zu begründen, war ihre Fahne zerschlissen und der Staat stand am Abgrund. Als Kohl 1982 die Regierung übernahm, waren die Probleme trotz aller Rhetorik gering und der Korrekturbedarf eher graduell denn grundsätzlich. Nicht Thatcher oder Reagan, sondern Peel wurde zum Leitbild Kohlscher Politik. Den von der Inkompetenz der sozialliberalen Koalition enttäuschten Mittelschichten versprach er die Fortführung der Ostpolitik, eine sparsame Regierung, die stärkere Berücksichtigung wirtschaftlicher Interessen und die Aufrechterhaltung der Reformen, von denen manche – so eine auf Emanzipation und Selbstverwirklichung zielende Frauenpolitik – längst in der CDU eine Heimat hatten. Mit der Einführung des Erziehungsgeldes und der Anrechnung von Erziehungszeiten im Rentenrecht wurde der Familienlastenausgleich verbessert und zugleich das sozialpolitische Gewissen beruhigt. Es fiel nicht schwer, die Zukunftsfragen des zerfallenden Generationenvertrages und des Überlebens der Menschheit in einer ökologisch labilen Welt aufzuschieben, da ihre Horizonte nicht sichtbar und damit auch nicht wahlentscheidend waren. Unter dem Gesichtspunkt der Verantwortungsethik wie der politischen Moral liegt hier ein entscheidendes Defizit, doch es ist das Defizit einer diesseitig gegenwartsbezogenen Gesellschaft, deren Repräsentant auch dieser Bundeskanzler ist. Daß eine solche Politik nicht krisenfest ist, ja daß sie Krisen – wie Disraeli vermutet – sogar hervorruft, hat Kohl in den letzten Jahren bitter erfahren müssen, ohne daß daraus eine grundsätzliche Umkehr erwachsen wäre. Denn auch das neue Deutschland ist die Fortsetzung der alten Bundesrepublik mit ihren Gefährdungen und ihren Schwächen.

Weil die Inhalte von Kohls Politik diffus blieben und er es weder den Marktliberalen noch den Wertkonservativen recht machen konnte, richtete sich das Augenmerk der Kritiker stärker als zu Beginn auf Stil und Methoden des Machterhaltes. Der Landespolitiker hatte ein Reformprogramm mit rüden Methoden gegen die Altvorderen durchgesetzt, der Bundespolitiker, dessen Programm vielen ungenügend und diffus erschien, mußte sich folglich Machterhalt als Selbstzweck vorwerfen lassen. Helmut Kohl ist der erste bürgerliche Politiker mit einer «sozialdemokratischen» Karriere, ein Mann der Partei, der Treue zum Apparat, für den Politik nicht nur Berufung, sondern auch Beruf ist, der nicht nur für, sondern auch von der Politik lebt. Machtgewinnung und Machterhalt sind ihm nicht Wege zum Ziel, sondern das Ziel selbst. Mit Helmut Kohl ist die politische Klasse zur Funktionselite geworden, die ihre Legitimation allein aus dem täglichen Erfolg gewinnt, aus dem, «was hinten rauskommt». Das führt fast zwangsläufig zu Verbiegungen und Verformungen, zum Verlust innerer Unabhängigkeit, zu einem Mangel an Souveränität und der Unfähigkeit, loszulassen, zurückzutreten auch im übertragenen Sinne. Helmut Kohl hätte kein Verständnis für die Handlungsweise eines Fox, der von seinem ersten Amt zurücktrat, weil er einer Gesetzesvorlage nicht zustimmen wollte, nach der die Angehörigen der königlichen Familie nur mit Zustimmung des Königs heiraten sollten. Sein Grund war kein politischer. Fox verteidigte vielmehr seine Mutter, die ihrem Vater, dem Herzog von Richmond, davongelaufen war, um seinen Vater zu heiraten. Der Vergleich mag weit hergeholt erscheinen. Doch welcher demokratische Politiker würde aus dem Gefühl der Ritterlichkeit und einer gewissen Sentimentalität heraus ein politisches Amt zurückgeben, ohne dafür auf das Verständnis der Öffentlichkeit rechnen zu können? Auf dem Höhepunkt der gegenrevolutionären Stimmung in England zog sich Fox im Jahre 1797 von den Parlamentssitzungen zurück, da ihm das feindselige Klima des Hauses unerträglich geworden war. Als sein Neffe ihn zu einer wichtigen Abstimmung nach London rufen wollte, antwortete er ihm: «Niemals kam ein Brief zu ungelegenerer Zeit als heute morgen der Deinige, mein lieber Junge. Ein schmeichelnder Westwind, schönster Sonnenschein, Rotdorn und Ulme in voller Blüte. Die Nachtigallen beginnen gerade zu schlagen, obwohl Amseln und Drosseln auch ohne die Rückkehr dieser Sezessionisten vollkommen ausreichen würden, um alle Argumente Deines Briefes zu widerlegen.»[43]

Schon Max Weber hätte hier die leidenschaftliche Hingabe an eine Sache vermißt und das spielerisch Romantische mißbilligt. Doch gerade das spielerisch Romantische bedingt jene politisch-stilistische Weltläufigkeit im ideologischen wie im gesellschaftlichen Sinne, die Karl-Heinz Bohrer an den deutschen Konservativen vermißt.[44] Menschen, die für ihr Fortkommen, ja für ihr Überleben auf eine parteipolitische Machtbasis angewiesen sind, können sich Gelassenheit, Großzügigkeit und Vornehmheit nicht leisten, denn sie müssen durch das Belohnen von Loyalität und das Bestrafen von abweichendem Verhalten deutlich machen, «aus welchem Kübel alle saufen».

Hier haben die eher unerfreulichen Charakterzüge Kohls ihre Wurzel – sein Elefantengedächtnis für vorgebliche Untreue, das Unterpflügen parteiinterner Gegner, die als «Gesindepflege» bezeichnete kumpelhafte Leibeigenschaft, in der die engeren Mitarbeiter gehalten werden, und eine Kaderpolitik, die Gefolgschaftstreue mit Vergünstigungen belohnt. Kohl ist ein Meister in der Kunst, sich Menschen zu verpflichten, indem er ihre Ambitionen mit seinen Lebenszielen verknüpft. Dabei hat er stets darauf geachtet, daß Geben und Nehmen sich ausbalancieren. Ein kritischer Beobachter wie Ralf Dahrendorf schätzt, daß mehr als die Hälfte aller Parteitagsdelegierten und Bundestagsabgeordneten ihm persönlich verpflichtet ist. Die Partei ist nicht mehr ein Zusammenschluß gleichgesinnter, unabhängiger Persönlichkeiten, sondern eine Versicherungsgesellschaft auf Gegenseitigkeit, in der Zurücksetzung in der Karriere weit schwerer empfunden wird als ein Abweichen von den gemeinsamen Zielen. Diese bereits von Max Weber 1919 in seinem Vortrag über Politik als Beruf getroffene Feststellung[45] ist längst allgemeingültige Realität in den Volksparteien geworden. Während in den klassischen Demokratien das verpflichtende Ethos einer in Public Schools oder Grand Écoles ausgebildeten politischen Klasse die Auswüchse dieses «Von-der-Politik-Lebens» begrenzen, kennt die kleinbürgerliche Elite der Bundesrepublik solche Hemmungen nicht. Wer Macht ausüben will, kann dies nur mit Hilfe der Partei. Berufspolitiker erhalten durch sie ihren Status. Die Partei ernährt sie, verschafft ihnen Ansehen und gewährt Zukunftsaussichten. Ein Leben außerhalb der Partei existiert kaum noch. Die Ochsentour hat sie geprägt, Parteiveranstaltungen und Wahlkampf haben sie geformt, die dort entwickelten Beziehungen und Loyalitäten tragen sie ein ganzes Leben lang. Was früher typisch für Gewerkschaftsbewegung und Sozialdemokratie war, hat nun auch die bürgerlichen Parteien erreicht, deren von konservativen Publizisten beschworene «Bürgerlichkeit» sich nicht mehr vom Familienleben der Sozialdemokraten unterscheidet.

Helmut Kohl ist zugleich Produkt und Förderer dieser Entwicklung. Diese Angleichung läßt sich auch anderswo beobachten. Da die Partei zur Quelle aller Macht geworden ist, ist das eigentliche Machtzentrum der Bonner Regierungskoalition die Koalitionsrunde, die sich zum quasistaatlichen Entscheidungsorgan entwickelt hat. Die Institutionen der Verfassung, Kanzler und Kabinett und damit auch die nicht in der Koalitionsrunde vertretenen Kabinettsmitglieder haben demgegenüber an Einfluß verloren, was Gunter Hofmann in der «Zeit» zutreffend als «Entinstitutionalisierung», als «Marsch aus den Institutionen» beschrieben hat.[46] Diskretion ist an die Stelle von Transparenz getreten. Kleine Gespräche haben die großen Institutionen ersetzt. Zu Beginn seiner Amtszeit verzichtete Helmut Kohl auf regelmäßige Kabinettssitzungen, bis Kritik an dieser Verfahrensweise auch vom Koalitionspartner geäußert wurde. Heute gilt das Bundeskabinett als ein Gremium, das die ausgehandelten Entscheidungen zur Kenntnis nimmt.

Adenauer war Parteivorsitzender, weil er Kanzler war, Helmut Kohl ist Kanzler, weil er Parteivorsitzender ist. Je ähnlicher sich die Parteien und ihr Personal in der Machtausübung werden, desto blasser erscheinen die staatlichen Institutionen, die nur noch die Toga für den öffentlichen Auftritt liefern. Politikverdrossenheit hat auch mit dieser durch staatliche Institutionen nicht mehr vermittelten und zugleich begrenzten Machtausübung zu tun. Wenn der thüringische Innenminister die Gefährlichkeit einer neuen Partei für die Verfassung mit ihrer Gefährlichkeit für die bürgerliche Mitte begründet, ist Partei- und Staatsinteresse eins geworden, ist der Konstitutionalismus der Institutionendemokratie in der Parteiherrschaft aufgehoben. In keiner Phase der bundesdeutschen Nachkriegsgeschichte hat die Partei eine so dominierende Rolle gespielt wie seit Kohls Kanzlerschaft.[47] Das ist Stärke und Schwäche zugleich. Zwar ist der Kanzler vor dem Schicksal Helmut Schmidts gefeit, der erst die Kontrolle über die Partei und dann die Kanzlerschaft verlor. Andererseits trifft die Kritik an den Parteien den Kanzler in voller Härte, da ihm die staatlichen Institutionen keine zusätzliche Autorität und damit keinen Schutz mehr gewähren. Während noch Gladstones Autorität im Glauben seiner Wähler an den ethischen Gehalt seiner Persönlichkeit wie seiner Politik wurzelte, fließt Helmut Kohls Autorität allein aus der Beherrschung des Parteiapparates. Verliert er diesen, verliert er alles. Eine Legitimität außerhalb der Partei gibt es für ihn nicht. Deshalb die intensive Kontaktpflege mit der Basis und das freundschaftliche Beziehungsgeflecht mit unzähligen CDU-Politikern und Funktionären.

Während eine kritische Öffentlichkeit die in dieser Entwicklung liegenden Gefahren aufmerksam beobachtet, hat sie – widersinnig genug – dem Machtpolitiker Helmut Kohl Führungsstärke und Entscheidungsfreude abgesprochen. Daß er Probleme aussitze, ist zum gebetsmühlenartig wiederholten Vorwurf linker wie rechter Kritiker geworden. Vom Aussitzen spricht man im Reitsport dann, wenn der Reiter beim Trab im Sattel sitzen bleibt, statt sich – dem Bewegungsrhythmus folgend – im Sattel zu erheben. Was hier als nützliche Übung für Anfänger und Fortgeschrittene gilt, kommt in der Politik seit Helmut Kohl einem Verdammungsurteil gleich. Dabei kennt die Geschichte genügend Beispiele, in der das Aussitzen dem politisch oder militärisch Handelnden zu höchstem Ruhm gereicht. So hat Fabius Maximus Cunctator durch «Aussitzen» Rom vor Hannibal gerettet und Kutusow, indem er Napoleon eine Entscheidungsschlacht verweigerte, den Korsen in die eisigen Weiten Rußlands gezogen. Die erste Elisabeth, die einem ganzen Zeitalter den Namen gab, hat zuerst Philipp von Spanien und dann die schottische Maria «ausgesessen» und damit den Weg für Englands Weltgeltung bereitet. Mazarin hat nach dem Tod Ludwigs XIII. die revolutionäre Fronde ausgesessen und ist dadurch zum bedeutendsten französischen Staatsmann nach Richelieu geworden. In all diesen Fällen war Aussitzen nicht Entscheidungsscheu, sondern das kluge Vermeiden von nicht zu gewinnenden politischen oder militärischen Auseinandersetzungen und somit bewußte Entscheidung. Hätte Fabius Maximus das letzte römische Heer gegen Hannibal verloren, wäre Rom schutzlos dem karthagischen Feldherrn ausgeliefert gewesen. Hätte Elisabeth I. sich der katholischen Weltmacht Spanien entgegengestellt, wären ein Sieg Spaniens und als Folge das Ende der Reformation wahrscheinlich gewesen.

Der Vorwurf des Aussitzens ist Helmut Kohl sowohl bei seinem Umgang mit Strauß wie in der Wörner-Kießling-Affäre gemacht worden. In beiden Fällen waren es jedoch bewußte Entscheidungen, die ihn den Konflikt mit Strauß vermeiden und an dem angeschlagenen Verteidigungsminister festhalten ließen. Mag das letztere auch ein Fehler im Hinblick auf die politische Kultur des Landes gewesen sein, Helmut Kohl hat dieses Ergebnis gewollt und es sich nicht von den Ereignissen aufzwingen lassen. Die Auseinandersetzung mit Strauß ist durchaus mit Elisabeths taktischem Geschick gegenüber Philipp von Spanien zu vergleichen.

Hier wie dort wurde ein am Anfang fast übermächtiger Gegner erschöpft, bis er keine Gefahr mehr darstellte. Als Strauß die Fraktionsgemeinschaft von CDU und CSU aufkündigen wollte, hat Kohl dem zerstörerischen Drang des Bayern den Weg verlegt und einen seiner glanzvollsten strategischen Siege errungen. Die Analyse Kohls, daß man letztlich auch die sozialliberale Koalition «aussitzen» müsse, da ein Frontalangriff sie nur immer von neuem zusammenschweiße, erwies sich als richtig, die Straußsche Rhetorik von der babylonischen Gefangenschaft der FDP als falsch. Wenn Politik nach Max Weber das langsame Bohren von harten Brettern mit Leidenschaft und Augenmaß bedeutet, dann hat ihm zwar manchmal das Augenmaß gefehlt, aber nie die Leidenschaft, einen Machtkampf für sich zu entscheiden und dazu alle Mittel einzusetzen, die er für notwendig hielt.

Machtstreben ist ein unverzichtbares Ingredienz jeder Politik, dem demokratischen Politiker daraus einen Vorwurf zu machen, zeugt von Weltfremdheit. Daß Helmut Kohl nie den glänzenden Schein der Macht der wirklichen Macht vorgezogen hat, weist ihn als einen uneitlen Politiker aus. Die Bedenklichkeiten beginnen dort, wo der Weg das Ziel ist, wo der Machterhalt zum Seinszweck wird, wo die Inhalte hinter den Mitteln verschwinden. Da die innenpolitische Bilanz Helmut Kohls für viele eher enttäuschend ist und sich der Glanz gesellschaftspolitischer Visionen mit seinem Namen nicht verbindet, wird der Vorwurf des parteipolitisch motivierten Machterhalts und der Mißbilligung der dafür eingesetzten Mittel an ihm und der von ihm geführten Partei haftenbleiben. Nur das Gelingen der inneren Einheit Deutschlands hätte ihn von diesem Makel befreit, doch gerade hier steht der Erfolg aus.

Als der letzte aristokratische liberale Premierminister Englands Rosebery nach einem kaum zweijährigen Zwischenspiel 1895 zurücktrat, um sich nunmehr ganz dem Derby, seinen Kunstschätzen und der Literatur zu widmen, verkündete er den verschreckten Regierungsmitgliedern seine Lebensphilosophie: «Es gibt im Leben, so bemerkte er, zwei große Freuden – eine reale und eine ideale. Die ideale, wenn der Souverän einen mit den Insignien der Macht betraut, die reale, wenn man sie ihm wieder zurückgibt.»[48] Daß Helmut Kohl dieser Philosophie so gar nichts abgewinnen kann, macht seine Schwäche aus; es ist die Schwäche des demokratischen Politikers, der Politik als Beruf betreibt.

Der Ideologe

Den Begriff des Ideologen auf Helmut Kohl anzuwenden, heißt Kritik von zwei Seiten auf sich ziehen. Die CDU, deren Vorsitzender er ist, betrachtet Ideologie als sozialistisches Teufelswerk, mit dem der Führer einer bürgerlichen Partei nichts zu tun hat. Die Intellektuellen auf der anderen Seite sehen in Helmut Kohl trotz aller außenpolitischen Erfolge eine geistige «quantité négligeable», unfähig zu gesellschaftlichen Visionen und ohne Bild von der Welt, in der wir leben. Ideologie kommt in der Bundesrepublik nicht ohne die Herrschaft über die Diskurse aus; das Wort klingt nach Welterklärung aus einem Punkt, nach marxistischer Begrifflichkeit und nach verlorenen Utopien. Doch gemeint ist hier nur jenes Stück politische Theorie, das Benjamin Constant das Verdikt des Ideologen aus dem Munde Napoleons einbrachte und das dennoch für den handelnden Politiker unabdingbar ist.

Hat Helmut Kohl eine Vorstellung von Staat und Gesellschaft, ein Bild von der Welt, wie sie sein sollte? Die Antwort stößt auf zwei Schwierigkeiten. Helmut Kohl ist in einer kommunikativen Welt ein unkommunikativer Politiker. Er vermag Macht auszuüben, sie aber nicht darzustellen oder gar zu erklären.

Anders als der große Kommunikator Reagan ist Kohl kein «Teflon-Mann», der mit schillernden Begriffen die Stammtische und die Medien beherrscht. Helmut Kohl ist ein Anachronismus in einer Welt medialer Vermittlung, ein Politiker, für den die Realität noch die Kneipe, die Straße oder die Wahlversammlung ist, nicht aber deren Abbildung auf der Mattscheibe. Helmut Kohl kennt und nutzt zwar die Macht der Medien, aber doch nicht bedingungslos und ohne Selbstzweifel. Er weiß, daß die abgebildete Wirklichkeit nichts mit der Wirklichkeit draußen «in diesem unserem Lande» zu tun hat, und er läßt es all diejenigen merken, die diese Realität konstruieren. Hier ist Kohl ein echter Konservativer mit allen Schwächen und Defiziten für eine schauspielernde Politikdarstellung.

Hinzu kommt ein weiteres Defizit: Helmut Kohl ist ein Mann der Stilblüten und mißglückten Sprachbilder. Seine Unfähigkeit, Dinge anschaulich und zugleich exakt zu benennen, hat ihn zum Gespött von Großbürgern und Intellektuellen gemacht und ihm zu Unrecht den Ruf eines Dummkopfes, der «Birne», des Dorfdeppen eingetragen. Die vielen mehr oder minder intelligenten Kohl-Witze, die teilweise schon über Lübke kursierten, haben den intellektuellen Nimbus des Kanzlers weitgehend zerstört. Längst hat der Schein die Realität verdrängt, haben Vorurteile über Urteile gesiegt. Wenn selbst enge Mitarbeiter behaupten, «daß Kohl leidenschaftlich gern Bücher liest, wird in seiner Umgebung ausgestreut. Ob das einer Nachprüfung standhält, sei dahingestellt»[49], kann man von Kohls Gegnern keinen Pardon erwarten.

Die Wirklichkeit ist differenzierter. Helmut Kohl hat kluge und bedeutende Reden gehalten, er hat innerhalb und außerhalb des Parlaments zu den Fragen der deutschen Geschichte angemessen Stellung genommen. Er hat noch vor dem Bundespräsidenten im Bericht zur Lage der Nation vom 27.2.85 das Ende des Krieges als Befreiung gewürdigt und in Bergen-Belsen der Opfer gedacht, für die diese Befreiung zu spät kam. Helmut Kohl hat am 9.11.88 zur fünfzigsten Wiederkehr der sogenannten Reichskristallnacht in der jüdischen Gemeinde Frankfurts einen tiefen Eindruck hinterlassen und am 10.3.88 vor der Kulturstiftung der Vertriebenen mit Eichendorff zur Versöhnung gemahnt. Auch seine Rede vor dem Deutschen Bundestag zum Ausbruch des Zweiten Weltkrieges am 1.9.89 gehört in diese Reihe. Er hat im Bundestag immer wieder in Debatten Helmut Schmidt Paroli geboten, in vielen Wahlkampfreden Stimmung und Ton des Volkes getroffen, und er hat in Dresden – als es auf ihn allein ankam und ein falsches Wort verderbenbringend gewesen wäre – eine staatsmännische, kluge, ja, eine großartige Rede gehalten. Er ist in dieser Rede so sicher über den Abgrund geschritten wie Fox, Disraeli, Gladstone und Bismarck bei ihren großen rhetorischen Auftritten. In Dresden hätte er die Wiedervereinigung verspielen und die Welt gegen uns in Stellung bringen können. Er hat das mit nachtwandlerischer Sicherheit vermieden, ohne zugleich den Menschen, die ihm zuhörten, die Hoffnung zu nehmen.

Doch es gibt eben auch den anderen Kohl, den Mann, der auf die Frage des Schriftstellers Kempowski, was er von der klassischen Literatur kenne, den furchtbaren Satz sagt: «Ich war gut in Hölderlin»[50], und damit nur zeigt, daß ihm einer der schwierigsten Dichter deutscher Sprache ewig fremd geblieben ist. Selbst wenn man einem Politiker zugute halten muß, daß er oft überraschend und unvorbereitet auf alle möglichen Fragen eine Antwort parat haben muß, so darf doch ein Satz wie der folgende nicht über seine Lippen kommen: «Was passiert, wenn die FDP auf Gedeih und Verderb mit der SPD ins Bett steigt, und zwar in einem so langen Prozeß, daß es für uns anfängt, uninteressant zu werden, auf diesem Klavier überhaupt spielen zu wollen.»[51] Es sind nicht so sehr die falschen Bilder und Stilblüten wie: «Sie rufen keine Kluft in uns hinein» oder das legendäre Wort zur deutschen Wiedervereinigung: «Der Zug zur deutschen Einheit fährt jetzt langsam durch den Bahnhof der Geschichte»[52], sondern vielmehr seine Sprachlosigkeiten, die es auch seinen Anhängern schwermachen, ihn zu verteidigen. Denn wie soll man seinen Standpunkt in der Mitte des demokratischen Spektrums erläutern, wenn Helmut Kohl selbst dazu sagt: «Partei der Mitte heißt, glaube ich, wenn man überhaupt noch Rechts und Links und Mitte als eine simplifikante Fixierung eines politischen Standpunktes akzeptieren kann, Partei der Mitte heißt, daß die CDU vor 20/25 Jahren angetreten ist nach einem geistigen Grundgesetz als Christlich-Demokratische Union.»[53] Bei soviel Sprachlosigkeit kann es niemanden wundern, daß sich Intellektuelle und Literaten bei der Beurteilung dieses Bundeskanzlers auf ein anderes Kohl-Wort berufen: «Ich habe damals ja nicht gewußt, daß ich einmal Bundeskanzler werde, jetzt bin ich es. Und in elf Jahren ist das Jahrhundert, das soviel Elend gebracht hat, zu Ende.»[54]

Trost findet der Biograph da nur noch bei Karl Kraus, der einmal anmerkte: «Stilblüten auszujäten zeugt von einem schlechten Geschmack, von einem, der da wünscht, daß in der

Zeitung nur korrekte Phrasen wachsen. Stilblüten sind die glücklichen Ausnahmen, denen wir in der Wüste der Erkenntnis begegnen.»[55] Denn wenn selbst Karl Kraus, der von der Erlösung der Welt durch Sprachkritik träumte, das falsche Sprachbild nicht mit ewiger Verdammnis belegte, sollten auch die modernen Sprachkritiker keine voreiligen Schlüsse zu Lasten des Gescholtenen ziehen. Denn so töricht, wie sich Helmut Kohl in dem Gespräch mit Kempowski über Literatur[56] oder in der einige Jahre später aufgenommenen ZDF-Sendung zum Thema Fernsehen[57] geäußert und dargestellt hat, ist er nie gewesen.

Warnfried Dettling hat in seinem neuen Buch sogar die These aufgestellt, daß der Mangel an politischer Klarheit und Schärfe, der diese Kanzlerschaft durchzieht, die Unfähigkeit, politische Sachverhalte präzise und sprachlich genau zu definieren, nicht – wie viele meinen – auf den Eigentümlichkeiten der Sprache Helmut Kohls beruht, sondern im Gegenteil, seine Sprache nur das passende Gewand für seinen politischen Charakter sei[58], also ein bewußt eingesetztes Mittel zur Abstützung seiner Politik. Erscheint dies auch als zu machiavellistisch, so ist daran jedenfalls soviel richtig, daß die Sprachkritik der Henscheid[59] und Karasek[60] an Helmut Kohl zu kurz greift, wenn sie Spracharmut in Gedankenarmut umdeutet. Mag Helmut Kohl auch nicht umfassend gebildet sein, so ist er doch belesener als mancher seiner Kritiker. Sein Interesse gilt Menschen, Geschichte und Geschichten, und es ist breiter gefächert, als der immer wieder zitierte «Wallenstein» von Golo Mann vermuten läßt. Auch hier steht seine formelhafte Sprache einer gerechten Würdigung im Wege. Doch Kempowskis «Echolot», Winklers «Geschichte der Weimarer Republik», Hoffmanns «Stauffenberg» und Rovans «Geschichten aus Dachau», um nur einige der von ihm in jüngster Zeit gelesenen Bücher zu erwähnen, verraten mehr als nur ein oberflächliches, pauschales Interesse.

Helmut Kohl ist kein analytischer Kopf, niemand, der Strukturgeschichte zu schätzen oder gar für sich nutzbar zu machen wüßte. «Helmut Kohl denkt nicht in den Kategorien abstrakter Logik, sondern analog in Bildern.»[61] Geschichte ist für ihn eine ununterbrochene Kette menschlicher Schicksale und dramatischer Szenen. Friedrich II. und Gregor VII., Wallenstein und Ferdinand, Elisabeth und Maria, Friedrich und Maria-Theresia, Bismarck und Bebel und eben auch Helmut Kohl und Helmut Schmidt. Helmut Kohl hat keine Theorie der Geschichte, kein durch ein langes Studium erworbenes Raster für historische Ereignisse. Geschichte vollzieht sich für ihn im Miteinander von Kohl und Mitterrand oder im Gegeneinander von Maggie und Helmut. Doch er sieht darin selten unüberbrückbare Interessengegensätze, existentielle, sich dem Kompromiß entziehende Differenzen. Hier ist er ein Repräsentant jenes bundesrepublikanischen «muddling through», das alle Konflikte durch Sozialarbeit und Gesprächstherapie, durch Appelle an den «common sense» und gutes Zureden zu lösen hofft.

Helmut Kohl konnte Geschichte machen, weil er sich mit Gorbatschow verstand und Bush sein Freund war. Die in diesen «Männerfreundschaften» freigesetzten Emotionen überspülen die Katarakte weltpolitischer Interessen und sichern deren friedlichen Ausgleich. Die Welt Helmut Kohls ist eine Welt der Normalität des Maßes und der Mitte. Sein Bild von der Welt wie die Triebkräfte seines politischen Handelns spiegeln sich am besten in dem Satz eines frühen Konservativen, George Savile Marquess of Halifax, genannt der Trimmer: «Das unschuldige Wort Trimmer heißt nichts anderes als dies, daß, wenn Männer zusammen in einem Boot sind und der eine Teil der Besatzung das Boot auf der einen Seite niederdrückt und der andere Teil der Besatzung es auf der entgegengesetzten Seite niederdrückt, es zuweilen eine dritte Gruppe gibt, die der Meinung ist, es wäre das beste, wenn das Boot gleichmäßig ginge, ohne die Passagiere zu gefährden.»[62]

Die linken Kritiker Helmut Kohls konnten sich nie entscheiden, ob sie in ihm einen törichten Menschen oder einen hochintelligenten, konservativen Verschwörer sehen wollten. Den einen galt er als beschränkter Provinzpolitiker, den anderen als gefährlicher Tabubrecher und Entsorger deutscher Geschichte. Sein Satz von der «Gnade der späten Geburt» war für die einen eine schlichte Fehlleistung, für die anderen ein Beitrag zum Historikerstreit mit Entsorgungstendenz. Dabei handelte es sich nur um eine bescheidene, fast demütige Formulierung, in der Helmut Kohl für sich die glückliche Fügung der Normalität behauptet. Normalität, das heißt eine nicht mehr hinterfragbare «anständige Ordnung der Dinge», ist ein Schlüsselwort seines Welt- und Geschichtsverständnisses. Sie bedeutet ihm ein Aufräumen, ein Bändigen der Geschichte sowie Sicherheit vor den eigenen Trieben, Obsessionen und Ängsten.[63] Helmut Kohl hat durch verschiedene symbolische Handlungen diese Normalität für die Deutschen einzufordern und zu behaupten versucht. Dabei ist ihm manches mißraten, doch eher aus Naivität denn aus der von links unterstellten bösen Absicht.

Helmut Kohl hat in seinem Elternhaus nie den Bruch zwischen bürgerlichen Werten und nationalsozialistischer Praxis erfahren. Dies kann man kritisch sehen wie die Mitscherlichs, für die Kohl zu jenen Deutschen gehört, «denen eine völlige Entwertung aller bisherigen Ideale erspart blieb und damit auch die Anstrengung, zu einer eindeutigen Neuorientierung zu gelangen».[64] Das kann man aber auch positiv als Bewahrung dieser Werte in der Auseinandersetzung mit einer amoralischen Praxis sehen. Jedenfalls folgt daraus Kohls Neigung, Unvereinbares zu vereinen, Gräben zuzuschütten, Brücken über Abgründe zu bauen und Normalität zu behaupten.

Die Versöhnungsgeste zwischen dem Kanzler und Mitterrand in Verdun 1984 war gut und richtig, das gleiche in Bitburg ein Jahr später war schädlich und falsch. Dabei geht es nicht um die Tatsache, daß man zur Waffen-SS eingezogen werden konnte, daß Soldaten der Waffen-SS keine KZ-Bewacher waren und daß sie getan hatten, was sie für ihre Pflicht hielten, es geht darum, daß Helmut Kohl in seinem Drang nach Normalität eine symbolische Versöhnung auch dort suchte, wo es sie nicht geben kann. Der erste Krieg war an allen Fronten immer ein Krieg zwischen moralisch Gleichwertigen, wer immer auch mehr oder weniger Schuld am Ausbruch hatte. Der zweite Krieg war zumindest im Westen ein Kampf zwischen Richtig und Falsch, zwischen Gut und Böse, zwischen Licht und Dunkel. Und dieses Dunkel wurde durch die Runen symbolisiert, auch wenn die Träger dieser Runen schuldlos schuldig waren. Helmut Kohl hatte einen Unterschied übersehen oder übersehen wollen, der die Normalität verbot.

Man kann sich diesen Unterschied sehr leicht an einem persönlichen Eindruck klarmachen: Gerät man durch Zufall in einen alten Kriegsfilm aus dem Ersten Weltkrieg, so steht man als Deutscher innerlich sofort auf deutscher oder österreichischer Seite. Ebenso geht es den Engländern, Amerikanern oder Italienern. Jeder nimmt instinktiv Partei für seine Seite. Anders die Reaktion auf einen Streifen aus dem Zweiten Weltkrieg, zumindest bei den Jahrgängen der «Jalta-Generation» und den Nachgeborenen – sie stehen instinktiv auf der

Seite der Amerikaner oder Engländer und freuen sich über deren Filmsieg wie über einen eigenen. Die Deutschen blieben auch im Gefühl ihrer Söhne und Enkel die Falschen, die Bösen, die Gezeichneten. Für diese Generation war die Niederlage Befreiung, sie konnte den Streit um die Rede des Bundespräsidenten zum 8. Mai 1985 nicht nachvollziehen.

Dieses instinktive Gefühl der Zugehörigkeit zum Westen wurde auch durch den Vietnamkrieg nicht ausgelöscht. Denn das war ja gerade das Furchtbare für die liberal-konservativen Westler bei Suez und bei Vietnam. Die dort standen und Bomben warfen, waren trotz aller Fehler, ja Verbrechen, die unseren, die eigenen Leute, denen man den Sieg wünschte über Nasser oder den Vietcong. Nur im Falklandkrieg und in Kuwait konnte sich dieses Gefühl frei entfalten, da der Krieg gerecht und die Gegner Verbrecher waren. So wie es zwischen Saddam Hussein und Präsident Bush keine Möglichkeit symbolischer Versöhnung gibt, so gibt es keine zwischen denen, die für die Freiheit gekämpft und denen, die schuldlos schuldig mit dem Vaterland auch die Tyrannei verteidigt haben. Amerikanern, Engländern und Franzosen ist dieser Unterschied wohl bewußt, wenn sie – sichtbar getrennt vom Weltkriegsalliierten Rußland – aus Berlin abziehen.

Es ging damals in Bitburg wie heute in der Normandie nicht um die Versöhnung zwischen einzelnen, sondern um die symbolische Aussöhnung zweier Geschichten, die sich nicht versöhnen lassen. Denn Versöhnung ist etwas ganz und gar Individuelles. Wird sie öffentlich zelebriert, kann sie als ein Versuch mißdeutet werden, die Vergangenheit zu begraben, sich gar mit dem Verbrechen zu versöhnen. Im Osten mag die Erfahrung des russischen Einbruchs in Ostpreußen 1944 die scharfe Trennung zwischen Wahr und Falsch aufgehoben und damit dem Kampf der deutschen Truppen ein neues Recht gegeben haben. Im Westen galt einschränkungslos der Satz von Norbert Blüm: «Solange die Front hielt, arbeiteten die KZs.» In diesem Satz steckt auch das Problem der von Helmut Kohl in Bitburg versuchten Versöhnung, wie des von manchen nach der Wiedervereinigung geforderten «normalen» Nationalgefühls. Die Generation der heute Fünfzigjährigen wie der Nachgeborenen verdankt der Anti-Hitler-Koalition Leben und Freiheit. Hätte Deutschland unter Hitler diesen Krieg gewonnen, stünde diese Generation an der «blutenden Grenze des Reiches», verloren in den Weiten Rußlands oder in den asiatischen Steppen.

Die Loyalität dieser Generation gehört den Befreiern und dem deutschen Staat, der ihr danach vierzig Jahre lang ein Leben in Frieden, Freiheit und sozialer Sicherheit ermöglicht hat, nicht aber jener deutschen Schicksalsgemeinschaft, die mehr oder weniger willig einem Verderber in die Katastrophe gefolgt ist. Solange dies noch bewußt Erlebtes ist, wird es keine Normalität geben, auch keine Versöhnung über Gräbern. Dennoch bleibt wahr, daß Helmut Kohl in Bitburg nicht eine gereinigte deutsche Identität schaffen, sondern Deutschlands Versöhnung mit dem Westen veranschaulichen wollte. In seinem über der Weizsäcker-Rede in Vergessenheit geratenen Bericht zur Lage der Nation im geteilten Deutschland vom 27.2.1985 steht der Satz: «Der 8. Mai war ein Tag der Befreiung. Aber Befreiung brachte er nicht allen.»

Versöhnung und das Streben nach Normalität leiteten Kohl auch bei seiner Umarmung Mazowieckis in Kreisau, bei seiner Teilnahme an der Umbettung Friedrichs von Preußen wie an der Eröffnung des Berliner Doms. Im Gegensatz dazu steht sein Fernbleiben von den Trauerfeierlichkeiten für die Opfer von Mölln und Solingen, wo eine Teilnahme eher polarisiert denn versöhnt hätte. Dies waren keine willkürlichen

Entscheidungen oder gar bloße Protokollfehler, dahinter stand in jedem einzelnen Fall Kohls Grundüberzeugung von der Wiedergewinnung einer deutschen Normalität. Kohl möchte den Deutschen die Stigmatisierung als irrlichternd-irrationale Nation in Europa nehmen, um alte Gefahren wie neue Gefährdungen zu meiden, er möchte den Teufelskreis durchbrechen, den Churchill in den Satz faßte, daß man die Deutschen entweder an der Gurgel habe oder sie einem die Stiefel küssen. John Vincour von der «International Herald Tribune» hat dieses Bemühen Kohls um Normalität in einem Gastbeitrag für die Berliner «Tageszeitung» dahingehend gedeutet, daß der Kanzler auf diese Weise demonstrieren wolle, daß das moderne Deutschland ein normales Land geworden sei, «daß seine Geschichte nicht reflexartig mit der Nazizeit verknüpft werden dürfe und daß die zu verachtenden Übergriffe gegen Ausländer nicht Signal für eine übertriebene neue Buße oder Warnung vor einer rassistischen Katastrophe sein sollen».[65] Von daher auch seine Distanz zu den Lichterketten wie zum Holocaust-Museum in Washington und sein schon fast verzweifeltes Bemühen, mit der Kollwitz-Plastik in der Neuen Wache das Symbol der Erinnerung und der Mahnung zu finden, das alle Schrecken deutscher Geschichte in sich aufnimmt, um sie so im künstlerischen Ausdruck des Schmerzes geläutert, aber auch gebändigt begreifbar zu machen für die anderen wie für uns selbst.

Helmut Kohl hat entgegen dem von manchen gezeichneten Bild des unwissenden Tölpels bewußt versucht, die Erinnerung zu füllen und die Vergangenheit zu deuten. Dabei hat er nach dem Motto eines seiner Herausforderer gehandelt: Versöhnen statt Spalten. Daß er dabei manchmal Grenzen überschritten hat, an denen es keine Versöhnung geben kann, macht dieses Bemühen nicht wertlos. Auch in diesem Bemühen war und ist er ein Repräsentant der alten Bundesrepublik, die die Härte des intellektuellen Gegensatzes, die klare Sprache des Entweder-Oder nicht liebte. Dies hat nichts mit einem Mangel an Intellekt, an Flair und persönlichem Stil zu tun, es ist eine bewußte Entscheidung für das Solide, gegen das Glänzende, für das Mittlere, gegen das Extreme, für das provinziell Behäbige, gegen das urban Schillernde. So gesehen ist auch die frühe Warnung vor Helmut Kohl, die ein Mitpfälzer seinen sozialdemokratischen Genossen zukommen ließ, eher Lob als Tadel: «Ihr nehmt den Kohl zu leicht. Der ist viel gefährlicher, als ihr euch das vorstellt. Er ist ein Mann, der dem deutschen Kleinbürger auf den Leib geschrieben ist.»[66]

Der Staatsmann

In ihrer Ausgabe vom 24. September 1982 veröffentlichte die Berliner «Tageszeitung» einen offenen Brief an Franz Josef Strauß: «Da es nun wahr werden wird, daß wir einen Kanzler Kohl bekommen, wenden wir uns an den letzten, der diese weltpolitische Blamage verhindern kann, an Franz Josef Strauß... Jener Frankenstein der Biederkeit muß verhindert werden. Wir wollen die Gegner, die unsere wirklichen Gegner sind... Stellen Sie sich ihn beim Weltwirtschaftsgipfel in Venedig vor: bei dem Versuch, zum 25. Male dem amerikanischen Präsidenten die Vasallentreue zu erklären, wäre er in den Kanal gerutscht. Sie wissen, wie die Simultandolmetscher schon jetzt grinsen, wenn der Generalist international auftritt... Reagan wird mit ihm Schlitten fahren, und er wird's nicht merken und Breschnew wird ihn ausspielen. Im Elysee-

Palast wird er einem Louis XIV.-Sessel die Lehne abbrechen...»[67]

Wohl selten hat sich ein Blick in die Zukunft als so blamabel falsch herausgestellt wie dieser. Ausgerechnet der von den Intellektuellen so verachtete deutsche Provinzpolitiker Kohl erlebte eine historische Situation, die ihm eine Aufgabe übertrug, die eines Talleyrand, Metternich oder Bismarck würdig gewesen wäre. Daß Helmut Kohl dabei nicht strauchelte, verdankte er einem sicheren Instinkt für die Interessen der alten Bundesrepublik wie des neuen vereinigten Deutschlands. Seine provinzielle pfälzische Herkunft aus einem katholischen Elternhaus erwies sich als ein Glücksumstand, als die Gnade der richtigen Geburt. Heiner Geißler, dessen Wahlkreis nur unweit von Kohls Geburtsort liegt und dessen Prägung in diesem Fall der Helmut Kohls vergleichbar ist, hat die historischen Konstanten des eigenen Selbstverständnisses wie folgt beschrieben: «In meinem Wahlkreis, der Südpfalz, gibt es zwischen den Dörfern Edesheim und Hainfeld eine kleine Erhebung. Von dort aus kann man im Westen die alte Stauferburg Trifels sehen, in der während der Stauferzeit die Reichskleinodien aufbewahrt wurden, die heute in der Wiener Hofburg liegen. Im Osten erkennt man die Türme des Speyerer Doms, in dem sechs deutsche Kaiser ruhen, und im Nordwesten erblickt man das Hambacher Schloß. Diese Monumente haben mit den Hohenzollern nichts zu tun, aber sie gehören mit größerer Berechtigung zur deutschen Geschichte und zur deutschen Nation als die Siegessäule in Berlin, das Monument der ersten deutschen Teilung.»[68] Auf das Hambacher Schloß führte Kohl den amerikanischen Präsidenten, in den Dom zu Speyer Margaret Thatcher, der dieser Besuch in ihren Erinnerungen noch sehr lebendig ist. Kohl hatte ihren außenpolitischen Berater in die Krypta geführt und ihm bedeutet, daß die

Premierministerin nun, da sie ihn in seiner Heimat an der Grenze zu Frankreich erlebt habe, sicherlich verstehen werde, weshalb er sich nicht nur als Deutscher, sondern ebensosehr als Europäer fühle. Margaret Thatcher fand Kohls Haltung zwar sympathisch, doch verstanden hat sie ihn letztlich nicht, wie sie freimütig einräumt.[69]

Kohls historische wie Lebenserfahrungen, die Herkunft aus einer gefährdeten Grenzlandschaft und der Verlust des Bruders im Kriege wiesen außenpolitisch in zwei Richtungen: europäische Einigung, genauer gesagt westeuropäische Einigung als die Fortsetzung der übernationalen Friedensordnung des alten Reiches, und Aufrechterhaltung des Bündnisses mit Amerika als eine Art transatlantischen Ankers für die Europäische Union. Als Helmut Kohl 1982 die Stafette von Helmut Schmidt übernahm, war das Verhältnis zu Westeuropa gestört und die Verbindung zu Amerika gelockert. Timothy Garton Ash ist in seinem großen Buch über Deutschland und den geteilten Kontinent den Gründen nachgegangen. Die Ostpolitik der sozialliberalen Koalition konnte nur so lange ohne negative Auswirkungen auf die westliche Einbindung der Bundesrepublik bleiben, so lange sie im Einklang mit den westlichen Alliierten erfolgte. «Denn die Adenauerschen Verpflichtungen gegenüber dem Westen erforderten auch eine westwärts gerichtete bzw. vertikale Synchronisierung. Wollte die Bundesrepublik ihre westeuropäische Integration ebenso weiterverfolgen wie das Knüpfen engerer Beziehungen zu Osteuropa, dann mußte auch das gesamte Westeuropa seine Bindungen zu Osteuropa verstärken. Andernfalls würden die Spannungen zwischen der Ostpolitik und der Europapolitik untragbar werden.»[70]

In diesem Zustand befand sich die deutsche Außenpolitik bei der Regierungsübernahme Helmut Kohls. Das Aufkommen von Solidarność und die Einführung des Kriegsrechtes in Polen wie der sowjetische Einmarsch in Afghanistan hatten die Spannungen zwischen dem Westen und der Vormacht des Ostens verschärft. Doch da die sozialliberale Koalition ihre Ostpolitik unabhängig von den objektiv bestehenden Spannungen retten wollte, richtete sie ihre Kritik immer stärker gegen den Westen, statt gegen den Verursacher der Spannungen. Es entstand das «Metternich-Syndrom», das heißt die sozialliberale Koalition setzte auf die Stabilität der bipolaren Weltordnung, statt auf die freiheitlichen Bestrebungen in Polen und den Widerstand in Afghanistan. Vor diesem Hintergrund war die SPD auch von dem zweiten Teil des von Helmut Schmidt maßgeblich beeinflußten Nachrüstungsbeschlusses abgerückt. Obwohl die Vorrüstung Tatsache war und Abrüstungsvereinbarungen nicht zustande kamen, wollte sie die Stationierung von neuen Waffen verhindern. Das ganze Ausmaß der Entfremdung wird aus einem internen Papier des Planungsstabes im Kanzleramt deutlich, das im Frühjahr 1982 in die Öffentlichkeit gelangte. Darin wurde der Kanzler aufgefordert, neue und kontroverse Akzente in der außenpolitischen Diskussion zu setzen, und zwar gegen die neuen rechtsgerichteten Regierungen der Vereinigten Staaten und Großbritanniens. In dem Papier heißt es wörtlich: «Große Gruppen in den USA und Großbritannien sind im Begriff, sich von gemeinsamer Politik und gemeinsamen Werten im westlichen Bündnis abzuwenden... Sie gefährden die gesellschaftspolitische Attraktivität des Westens in der Konkurrenz mit den Kommunisten, sie setzen die Entspannungspolitik aufs Spiel.» Und am Schluß steht der Satz: «Insgesamt soll der Eindruck von Äquidistanz vermieden werden; allerdings ist der Eindruck eines dritten Weges wichtig.»[71] So erfolgte der Regierungswechsel zur rechten Zeit.

Mit den Worten Ashs: «So kann man doch annehmen, daß die Kontinuität der deutschen Außenpolitik im großen und ganzen nur durch die Diskontinuität der Innenpolitik gesichert wurde. In diesem Sinne hat Schmidt (der diesen Weg nicht gehen wollte) durch Verlieren gewonnen.»[72]

Zwar blieb auch die Kohlsche Außenpolitik letztlich multilaterale deutsche Kongreß- und Vertragspolitik, die das deutsche Interesse an Institutionen der Entspannung und der Blocküberwindung wie Vereinte Nationen und KSZE band, aber doch im Gleichklang mit den westlichen Verbündeten in NATO und Europäischer Gemeinschaft. Indem Kohl die Nachrüstung durchsetzte, stellte er das verlorengegangene Vertrauen der Westmächte in die deutsche Handlungsfähigkeit wieder her und nahm den «süßen Tortencremschichten»[73] des Genscherschen Sowohl-Als-auch ihre vertrauenszerstörende Wirkung im Westen. Diese als «Vasallentreue» gescholtene Haltung des Kanzlers verschaffte ihm in den Vereinigten Staaten jenen Rückhalt, den er wenige Jahre später für die Wiedervereinigungspolitik brauchen sollte.

Der Fall der Mauer und der Zusammenbruch des Kommunismus in Osteuropa stellte Kohl vor die schwierigste Aufgabe seiner politischen Laufbahn. Niemand hatte den Zusammenbruch erwartet und niemand war auf die Folgen vorbereitet. Die Wiedervereinigung der Deutschen in einem Staat wurde von der westdeutschen Bevölkerung trotz aller rhetorischen Bekundungen der politischen Klasse nicht erstrebt. Die Westdeutschen hatten die alten Kulturlandschaften Mitteldeutschlands aus ihrem Bewußtsein getilgt, ohne daß der Verlust ihnen schmerzlich gewesen wäre. Deshalb war das Zusammenfügen der beiden Teile Deutschlands auch keine notwendige Folge aus dem Zusammenbruch des Ostblocks. Da das Zusammenleben in einem Staat keinen Wert an sich darstellt, wäre eine österreichische Lösung denkbar und akzeptabel gewesen. Schließlich hatte das Bismarck-Reich, an das die Wiedervereinigung anknüpfen mußte, gerade einmal 75 Jahre bestanden, und diese Zeit hatte nicht zu den glücklichsten Epochen der deutschen Geschichte gehört. Im Gegenteil: zwei Weltkriege symbolisierten die Unfähigkeit des deutschen Volkes wie seiner führenden Schichten, einen Platz in Europa zu finden und diesen im Einvernehmen mit den Nachbarn friedlich zu behaupten. Ernst Niekisch hatte angesichts der deutschen Katastrophe von einer deutschen Daseinsverfehlung gesprochen und dieses Urteil damit begründet, daß der Ertrag der ganzen deutschen Geschichte sich als ein schreckliches Nichts erweist; «wo aber das Nichts das letzte Wort ist, da ist das ganze Dasein, das dahin führt, verfehlt».[74] Es zeugt deshalb von historischer Einsicht und politischer Vernunft, daß zu Beginn des Prozesses, der schließlich in der neuen Einheit mündete, niemand die Zweistaatlichkeit zur Disposition stellen wollte. Erst als der moralische und ökonomische Zusammenbruch der alten Ordnung die Verantwortungsübernahme durch die Bundesrepublik unausweichlich machte, wurde von Helmut Kohl die Zielvorgabe einer demokratischen DDR geändert und die deutsche Einheit auf die Tagesordnung der Weltgeschichte gesetzt. Doch diese Tagesordnung wurde von jenen gemacht, die in Leipzig und Dresden vom basisdemokratischen «Wir sind das Volk» zum nationalen «Wir sind ein Volk» übergingen.

Es hat in Deutschland in jenen Wochen und Monaten, aber auch noch später eine merkwürdige, typisch deutsche Diskussion über die moralische Wünschbarkeit der Einheit gegeben. Dabei hat vor allem Günter Grass den Standpunkt eingenommen, daß in Auschwitz der Anspruch auf den einen Staat historisch verspielt worden sei, allerdings ohne zu sagen, wer ein solches Recht auf fortdauernde Teilung habe. Eine zu respektierende moralische Verpflichtung hätte dem Verlangen nach Einheit nur dann entgegengestanden, wenn durch die Beibehaltung der Teilung wenigstens einer von Millionen Ermordeten dem Leben hätte zurückgegeben werden können oder die fortdauernde Zweitstaatlichkeit in anderer Weise geeignet gewesen wäre, die Folgen des Holocaust für die Nachgeborenen zu lindern. Auch Grass wagte nicht die Behauptung, daß ein wiedervereinigtes Deutschland zu einem solchen Verbrechen noch einmal fähig sei.

Gravierender waren die Vorbehalte der Engländer und Franzosen, denn sie argumentierten zwar ebenfalls mit der Vergangenheit, aber dennoch mit Blick auf die Zukunft. England und Frankreich haben in zwei Kriegen die deutschen Großmachtphantasien nur mit transatlantischer Hilfe bändigen können. Dabei hat England sein Kolonialreich und seine Weltmachtstellung eingebüßt. Die daraus rührenden Vorbehalte gegen ein wiedervereinigtes Deutschland waren um so verständlicher, als die Vorstellungen von einer neuen postkommunistischen Weltordnung kaum irgendwo deutlich wurden. Deshalb ist auch die Kritik ungerecht, die Margaret Thatcher traf, als sie in Chequers Historiker und Politologen versammelte, um die zu treffenden Entscheidungen in ihre historischen Bezüge zu stellen. Schließlich hatte der erste deutsche Nationalstaat zu einer von den Deutschen zu verantwortenden Katastrophe Europas geführt. Die Schwäche der englischen Position, die Margaret Thatcher in ihren Erinnerungen offengelegt hat, bestand in dem Mangel an Alternativen. Als das Staatsvolk der DDR den eigenen Staat nicht bewahren und einen eigenen Weg nicht mehr gehen wollte, war es an der Bundesrepublik, Verantwortung zu übernehmen. Dazu verpflichtete moralisch die Präambel des Grundgesetzes und pragmatisch die Tatsache, daß niemand anderes bereit war, das entstehende Machtvakuum zu füllen. Als Alternative wäre nur eine Machtübernahme durch die vier Alliierten des Zweiten Weltkrieges in Frage gekommen, eine Überlegung, die 45 Jahre nach dem Ende des Krieges so großen psychologischen Schwierigkeiten begegnet wäre, daß sie nicht einmal von Margaret Thatcher ins Gespräch gebracht wurde. So stand England letztlich allein. Die Vereinigten Staaten unterstützten den Bundeskanzler, da ihnen ein vereinigtes Deutschland von der Größe Montanas keine machtpolitischen Bauchschmerzen bereitete, und Frankreich setzte auf die Einbindung Deutschlands in NATO und Europäische Union.

Die einzelnen diplomatischen Schritte und Verhandlungen sollen hier nicht untersucht werden. Mit der Aufnahme des Vorschlages konföderativer Strukturen in das 10-Punkte-Programm des Bundeskanzlers waren Richtung und Ziel vorgegeben, ohne daß der Zeitpunkt fixiert war; der rasante Schwund staatlicher Macht in der DDR erzwang ein größeres Tempo, als selbst Kohl ursprünglich vorausgesehen hatte. Seine Verhandlungen mit Gorbatschow und ihr schneller, erfolgreicher Abschluß bleiben eine herausragende staatsmännische Leistung auch dann, wenn man die außergewöhnliche Unfähigkeit dieses sowjetischen Staatsmannes in Rechnung stellt.

Von Sebastian Haffner stammt die nur auf den ersten Blick verblüffende Feststellung, daß Gorbatschow diejenige Persönlichkeit in der neuesten Geschichte sei, die er am meisten verachte. Ihm sei das Kunststück gelungen, eine Weltmacht innerhalb von wenigen Jahren aus freien Stücken auf Null zu bringen.[75] Wir haben uns angewöhnt, die deutsche Wiedervereinigung nur aus deutschem Blickwinkel zu betrachten und allenfalls die Einwände unserer westeuropäischen Verbündeten zur Kenntnis zu nehmen. Aus russischer Sicht markiert dieses Ereignis und die Räumung des osteuropäischen Vorfeldes das Ende einer fast dreihundertjährigen Politik der Ausdehnung nach Westen und Süden, die seit Peter dem Großen zu den Grundlagen russischer Staatsräson gehörte. Vom Schwedischen Krieg über den Siebenjährigen Krieg, die polnischen Teilungen, die Koalitionskriege gegen Napoleon, den Krimkrieg, die Balkankriege um das türkische Erbe in Europa, bis hin zum Handschlag mit amerikanischen Soldaten an der Elbe, hatte Rußland und später die Sowjetunion versucht, seine Grenzen nach Westen zu verschieben. Die Kosaken in Berlin 1759 und in Paris 1814 haben sich tief in das Bewußtsein der europäischen Völker eingegraben. Als Bethmann Hollweg, der Kanzler des Deutschen Reiches, sah, wie der Verwalter seines Gutes in Hohenfinow, im heutigen Brandenburg, neue Linden auf der Allee seines Besitzes pflanzte, winkte er müde ab: «Was soll das? In ein paar Jahren stehen doch die Russen hier.»

Die europäischen Mächte haben mit unterschiedlichen Mitteln, die sich manchmal ergänzten, manchmal in ihrer Wirkung aufhoben, versucht, die russische Expansion zu hindern. Preußen ist meistens den Weg der Anlehnung an Rußland gegangen, so – beginnend in den Napoleonischen Kriegen – im ganzen 19. Jahrhundert bis zur Aufkündigung des Rückversicherungsvertrages durch Bismarcks Nachfolger. Und noch Wilhelm II. hat vergeblich versucht, die wachsenden deutsch-russischen Spannungen durch ein Familienbündnis mit den Romanows zu neutralisieren. England hat mit seiner Flotte das Osmanische Reich gestützt und geschützt und ist der russischen Ausdehnung durch das Schwarze Meer ins Mittelmeer entgegengetreten. England und Frankreich haben gemeinsam mit Österreich auf dem Wiener Kongreß das Vordringen Rußlands aufgehalten und die Kosaken durch ein geheimes Verteidigungsbündnis aus Westeuropa vertrieben. Was noch Napoleon «mißlang», hat schließlich Hitler zuwege gebracht – die russische Präsenz in der Mitte Europas. Damit hatte Stalin erreicht, was den Zaren immer wieder entglitten war. Die russische Geschichtsschreibung wird Gorbatschow einmal dafür verantwortlich machen, daß er die Arbeit von Jahrhunderten in wenigen Jahren ruiniert hat.

Hans Magnus Enzensberger hat Gorbatschow den Helden des Rückzugs zugeschlagen, die unhaltbare Positionen aufgegeben und große Reiche friedlich aufgelöst haben. Doch dies ist der Versuch, ein ratloses Treibenlassen als Tugend auszugeben. Mag sein, daß sich die Überdehnung der russischen Weltmachtposition nicht unbeschränkt aufrechterhalten ließ, daß das sowjetische Reich reformiert werden und, wenn möglich, in ein Commonwealth umgewandelt werden mußte. Doch dies hätte eine Bestandsaufnahme, eine Analyse der Optionen und Möglichkeiten vorausgesetzt. Nichts davon ist unter Gorbatschow geschehen. Im Gegenteil: Als Kissinger im Auftrag Präsident Bushs Gorbatschow vorschlug, daß die USA und die Sowjetunion koordiniert und geordnet den Kalten Krieg beenden sollten, fand Gorbatschow dieses Denken des Metternich-Biographen reaktionär und der Vergangenheit verhaftet.[76] Nicht einen Moment lang kam ihm der Gedanke, daß das Russische Reich sehr viele Ähnlichkeiten mit dem altgewordenen Habsburgerreich aufwies und Metternichs vorsichtige Außenpolitik ein Ausfluß der Schwäche der Großmacht war, die er vertrat. Die Sowjetunion hatte bis zum Fall der Mauer und noch darüber hinaus die Möglichkeit, organisiert und ohne Hast neue Positionen zu beziehen und sie international abzusichern.

Doch selbst wenn jene recht haben, die Gorbatschows Politik als den Versuch interpretieren, dort anzuknüpfen, wo Dubček 1968 aufgeben mußte, und einen Sozialismus mit menschlichem Antlitz zu schaffen[77], zeigt das nur den Mangel an Einsicht und das Ausmaß an Illusionen. Es war ein verhängnisvoller Fehler Gorbatschows, den Umbau eines Systems zu beginnen, ohne seine Schwächen zu analysieren und dazu Mittel zu verwenden, die aus einer anderen Wertordnung stammten. Der frühere sowjetische Botschafter in der Bundesrepublik Valentin Falin bemerkt dazu in seinen Erinnerungen: «Sie nahmen sich nicht die Zeit, die eigenen Augen zu öffnen, als sie begannen, den anderen blauen Dunst vorzumachen.»[78] Peter I. hatte die Autokratie gestärkt, um das Land zu modernisieren, Gorbatschow schwächte die Autokratie, ohne den Umbau von Staat und Gesellschaft in Angriff zu nehmen. Man könnte darüber zur Tagesordnung übergehen, wenn nicht der unkontrollierte Zerfall erst der Sowjetunion und nun Rußlands namenloses Leid über viele Menschen gebracht und einen gewaltigen Vorrat an Sprengstoff in Europa aufgehäuft hätte.

Anders als Talleyrand, der 1814 einer ähnlichen Aufgabe gegenüberstand und die Großmacht Frankreich aus dem napoleonischen Zusammenbruch retten mußte, hatte die russische Diplomatie keine Vorstellung von dem Ziel, das sie anstrebte, noch von den Mitteln, die es dafür einzusetzen galt. Zu keinem Zeitpunkt der Verhandlungen – so die amerikanische Journalistin Elizabeth Pond – entwickelte die sowjetische Diplomatie eine in sich geschlossene Alternative zu den westlichen Vorschlägen.[79] Wenn Schewardnadse noch im Juni den Austritt Deutschlands aus der NATO oder den Umbau des Bündnisses favorisierte und vier Wochen später Gorbatschow der NATO-Mitgliedschaft seinen Segen gab[80], zeigt das einen für eine Weltmacht kaum nachvollziehbaren Mangel an analytischer Konsequenz. Nimmt man hinzu, daß Schewardnadse später behauptet hat, daß der Kreis um Gorbatschow die DDR schon 1986 abgeschrieben habe, so ist es noch weniger verständlich, weshalb für diesen Fall kein diplomatisches Drehbuch bereitstand. Falin hat in seinen Erinnerungen die Positionen benannt, die deutscherseits auch befürchtet worden waren – Austritt aus der NATO, zumindest aber Rückzug aus der gemeinsamen Militärorganisation à la Frankreich, als Minimum jedoch das Verbot der Stationierung von Atomwaffen auf deutschem Boden.[81] Nichts davon wurde durchgesetzt, da Gorbatschow zu keiner Zeit eine Vision von Rußlands Stellung in der Welt hatte. Fehlte schon eine eindeutige Definition russischer Interessen, so waren die diplomatischen Mittel geradezu erbärmlich. Gorbatschow ließ sich mit einem darauf völlig unvorbereiteten System auf die offene Diplomatie der westlichen Demokratien ein und zog dabei zwangsläufig den kürzeren.

Seit der diplomatischen Revolution durch Präsident Wilson, am Ende des Ersten Weltkrieges, kann man einen Verfall der klassischen Diplomatie im Westen beobachten. Verstärkt noch durch das Fernsehen und den Zwang, Staatskunst vorzuführen, haben Gipfelbegegnungen und Telefongespräche die sachverständigen diplomatischen Verhandlungen abgelöst. Die Beziehungen sind gut, wenn Helmut und Valéry sich verstehen, sie sind schlecht, wenn der Erdnußfarmer aus Plains und der deutsche Weltökonom nicht miteinander können. Das Ganze funktioniert wie das englische «old boys network» sehr oft ohne diplomatisches Netz und doppelten Boden. Der Autor ist selbst in Amerika in Begleitung des früheren hessischen Ministerpräsidenten Wallmann Zeuge der hervorragenden Informiertheit des «German Desk» im Washingtoner State Department geworden, ein Kenntnisreichtum, der im krassen Gegensatz zur Uninformiertheit vieler mit Außenpolitik befaßter Politiker, Abgeordneter und Senatoren steht. Auf die Frage nach den Ursachen dieses zweigeteilten Informationsstandes erhält man immer die gleiche Antwort: daß die Kenntnisse der Diplomaten zwar weitergegeben, aber von der Politik nicht aufgenommen werden, da innenpolitische und Medienbedürfnisse das außenpolitische Geschäft bestimmen.

Harold Nicolson hat die Arbeitsweise der alten Diplomatie im Gegensatz zur öffentlichen Gesprächs- und Gipfeldiplomatie eindrücklich beschrieben: «Ein Gesandter, der nach den Methoden der alten Diplomatie über einen Vertrag verhandelte, war nicht durch die Zeit bedrängt. Seine eigene Regierung und die, mit der er verhandelte, hatten reichlich Gelegenheit zum Nachdenken. Eine zum Stillstand gekommene Verhandlung konnte für einige Monate eingestellt werden, ohne daß Hoffnungen zerstört wurden oder Gerüchte entstanden. Die Übereinkommen, die schließlich erzielt wurden, waren keine hastigen Improvisationen oder leere Formeln, sondern Urkunden, die mit äußerster Sorgfalt überlegt und abgefaßt wurden. Wir nennen als Beispiel die russisch-englische Übereinkunft von 1907, deren Verhandlung zwischen dem russischen Außenminister und unserem Botschafter in Sankt Petersburg einen Zeitraum von einem Jahr und drei Monaten beanspruchte. Zu keinem Zeitpunkt dieser ausgedehnten Verhandlungen wurde eine Indiskretion begangen oder das Vertrauen mißbraucht.»[82]

Man vergleiche damit die für die Medien veranstalteten Begegnungen unserer Spitzenpolitiker an allen möglichen oder unmöglichen Orten der Welt. Nichts dürfte für den Abschluß eines Vertrages bedeutungsloser sein als die Tatsache, wer wen in seinem Geburtsort besucht und welche Erinnerungen dabei ausgetauscht werden. Doch gerade diese persönlichen Befindlichkeiten, die schnell zu Empfindlichkeiten werden können, wie das unglückselige Verhältnis des Neffen Wilhelm II. zu seinem Onkel Edward VII. beweist, bestimmen heute das Schicksal von Völkern und Staaten. Allein Rußland hatte sich als geschlossenes System noch die klassische Diplomatie geleistet und verdankte ihr beträchtliche Erfolge. Daß Gorbatschow dieses Werkzeug aus der Hand legte und zum System der offenen, von den Nachrichtenzeiten und Fernsehkameras bestimmten Diplomatie überging, war ein Kardinalfehler. Denn in der Handhabung dieses Instruments war ihm Helmut Kohl überlegen. Die persönliche Chemie, das freundschaftliche Zwiegespräch, die nachbarschaftliche Ansprache, in der sich Öffentliches und Privates ununterscheidbar mischen, sind sein Metier. Während Bundeskanzler Erhard von Präsident Johnson in dieser Atmosphäre noch über den Tisch gezogen und mit hohen Beiträgen zu den Stationierungskosten ins politische Aus getrieben wurde, ist Kohl auf diesem Gebiet ein Meister, den niemand über den Tisch zieht oder gar unter denselben trinkt. Da Gorbatschow zu diesen Gesprächen weder die neue DDR-Führung noch die Vertragspartner des Warschauer Paktes oder die Vertreter der vier Mächte hinzuzog, hatte er auch keine diplomatischen Optionen zur Verfügung. Talleyrand hatte auf dem Wiener Kongreß die Zuziehung des Vertreters Spaniens verlangt, um nicht allein den Siegern gegenübersitzen zu müssen und die Möglichkeit zu haben, sein «Nein» mit den Interessen eines anderen zu begründen. Gorbatschow begriff die in einer solchen Konstellation liegenden Möglichkeiten nicht und verschenkte damit die ihm verbliebenen Handlungsspielräume.

Das Ausmaß des Vertrauens, das zwischen Kohl und Gorbatschow zum Schluß bestand, zeigte sich auch darin, daß die Verhandlungsergebnisse nicht von einem Redaktionskomitee notifiziert wurden, sondern am Ende der langen Sitzungen von Kohl und Gorbatschow noch einmal persönlich abgehakt wurden – ein Verstoß gegen die Regeln des diplomatischen Handwerks, der weder Castlereagh noch Metternich unterlaufen wäre. Timothy Garton Ash hat den Preis der deutschen Wiedervereinigung auf Lebensmittellieferungen im Werte von 220 Millionen DM und einen ungebundenen Finanzkredit in Höhe von 5 Milliarden DM beziffert. Hinzu kamen später noch einmal 12 Milliarden und ein zusätzlicher 3-Milliarden-Kredit für den Abzug der sowjetischen Truppen aus Deutschland[83], ein Spottpreis für 16 Millionen Menschen und 108 333 km^2 deutschen Territoriums.

Da das außenpolitische Gelingen der Einigung schlecht bestritten werden kann, andererseits das Bild des Bundeskanzlers als eines mäßig begabten Provinzpolitikers damit nur schwer in Einklang zu bringen ist, haben sich einige Kritiker in die Behauptung geflüchtet, daß die Chancen und Risiken so offen zutage lagen, daß nicht wirklich Innovatives gefordert war und folglich jeder durchschnittlich begabte Politiker diesen Weg ohne Fehler gegangen wäre.[84] Ein solches Urteil verkennt nicht nur die Komplexität des historischen Prozesses, es ist auch selbst ahistorisch, da es die Bedeutung der politisch Handelnden gegenüber den Strukturen ebenso unterschätzt, wie Helmut Kohl sie überschätzt. Auch zu Beginn der 50er Jahre war die Situation aus dem Rückblick eindeutig und ließ keine andere deutsche Außenpolitik als die Adenauers zu. Adenauers auf die Westbindung gerichtetes Handeln war in einem physisch und moralisch ruinierten Land die einzige Möglichkeit nationaler Politik, und jeder andere, auch wenn er kein katholischer Rheinländer gewesen wäre, hätte in ähnlicher Weise handeln müssen. Die Sowjetunion hatte spätestens mit dem Umsturz in Prag deutlich gemacht, daß sie keine von der ihren abweichende Ordnung in ihrem Machtbereich dulden würde, so daß ein neutrales, geeintes und dennoch geistig dem Westen verbundenes Deutschland keine realistische Alternative war. Dennoch wurde Adenauer als «Bundeskanzler der Alliierten» geschmäht und hat die SPD leidenschaftlich auf die Wiederherstellung der deutschen Einheit im Einvernehmen mit der Sowjetunion gedrängt.

Die Tatsache, daß es für den historischen Betrachter im nachhinein keine Alternative gab, muß dem Handelnden nicht ohne weiteres einsichtig sein, wie der endlose Streit um die angeblich verpaßten Chancen der Stalinnote von 1952 beweist. Vergleichbare Situationen hat es immer wieder im Laufe der Geschichte gegeben. Zu Stresemanns «Erfüllungspolitik» gab es so wenig eine Alternative wie zu Erzbergers Unterschrift unter die Waffenstillstandsvereinbarungen von Compiègne, und dennoch waren entscheidende politische Kräfte in Deutschland gegen das Unvermeidliche. Talleyrands in späterer Zeit von Historikern gerühmte Rettung der französischen Großmachtstellung aus dem Napoleonischen Untergang hat ihm in Frankreich den Vorwurf des Verrates eingetragen. Und auch die Haltung der SPD zur deutschen Wiedervereinigung war bestenfalls ambivalent, immer auf der Suche nach einer Möglichkeit, die Zweistaatlichkeit zu erhalten, auch als diese keine Chance mehr hatte.

Helmut Kohl hätte an verschiedenen neuralgischen Punkten das Ganze verderben oder zumindest mit erheblichen Hypotheken belasten können. Schon die Vorstellung des 10-Punkte-Programmes im November 1989 war ein kalkuliertes Risiko, da Kohl zwar die Einbettung des Zusammenwachsens in den europäischen Einigungsprozeß versprach, aber zugleich seine Vorstellungen ohne vorherige Abstimmung mit den westlichen Verbündeten präsentierte. Wir wissen heute, daß weder Frankreich noch England bei vorheriger Konsultation zugestimmt hätten, die dadurch ausgelöste Verstimmung andererseits nicht so stark war, den Prozeß zu behindern. Mit dem Ausspielen der europäischen Karte verhinderte Kohl zudem eine neue englisch-französische Entente, wie Margaret Thatcher in ihren Erinnerungen freimütig einräumt.[85] Mitterrands Besuche bei Gerlach und Modrow liefen damit ebenso ins Leere wie Margaret Thatchers Versuch, Gorbatschow zu größerer Zurückhaltung zu drängen. Eine weitere schwierige Klippe war die Dresdner Rede. Hier hätte Kohl sowohl die Verbündeten verprellen wie auch die Landsleute enttäuschen können. Daß er beides vermied, bleibt eine intuitive staatsmännische Leistung.

Am meisten zu seinen Gunsten wiegt, daß er zu keiner Zeit in die theoretisch aufgestellte Falle eines Gegensatzes von nationaler Einigung und NATO-Mitgliedschaft lief. Wenn Gorbatschow an dieser Stelle bei seiner ursprünglichen Forderung geblieben wäre, hätte die Bundesrepublik eine Zerreißprobe zu bestehen gehabt, bei der Kohls Herausforderer Lafontaine trotz aller europäischen Rhetorik der Versuchung erlegen wäre, seinem Wunsch nach Austritt aus dem westlichen Bündnis, zumindest aber nach einem Rückzug à la de Gaulle, Nachdruck zu verleihen. Doch auch die nationalkonservativen Kräfte in der CDU hätten in diesem Falle wohl für Einheit und Neutralität votiert. Daß dies gar nicht erst zum Thema wurde und damit den Deutschen die Wiederbelebung der elenden Diskussion von 1952 erspart blieb, kann man nicht hoch genug einschätzen. Das gleiche gilt für Kohls Widerstand gegen den Versuch Schewardnadses, die außenpolitischen Folgen der Wiedervereinigung von ihrem innenpolitischen Vollzug abzukoppeln. Dieser von Genscher unterstützte Vorschlag hätte es den Russen erlaubt, auf unabsehbare Zeit deutsche Politik mitzugestalten und den Preis für die endgültige Gewährung der Souveränität entsprechend den eigenen wachsenden Bedürfnissen unbegrenzt nach oben zu treiben.

Nur in der Frage der endgültigen Anerkennung der Oder-Neiße-Grenze schien Kohl für kurze Zeit sein Instinkt zu verlassen. Wie immer, wenn es in seiner Karriere um den Zusammenhalt der Partei und damit um seine Machtbasis geht, schienen innenpolitische Überlegungen den Vorrang vor außenpolitischen Notwendigkeiten zu gewinnen. Horst Teltschik hat in seinem Bericht über die 329 Tage des Einigungsprozesses trotz aller Zurückhaltung sein Drängen auf Anerkennung der Oder-Neiße-Grenze dokumentiert.[86] Denn hier war der einzige Hebel, mit dem England und Frankreich versuchen konnten, den Prozeß zu verlangsamen, nachdem die Amerikaner zur Enttäuschung besonders von Margaret Thatcher Kohl in seinem Bemühen um die Vereinigung unterstützten. Auch hier hatte Kohl durch seine «Vasallentreue» eine Achse zumindest zeitweilig unterbrochen, die als «special relationship» seit Cannings Zusammenspiel mit den Vereinigten Staaten unter Präsident Monroe gegen neokoloniale Bestrebungen auf dem amerikanischen Kontinent im Jahre 1822 zu den Konstanten der Weltpolitik gehört. Wie Bismarck die Nachwirkungen des Krimkrieges und den polnischen Aufstand nutzte, um Österreich von Rußland zu trennen und damit den Weg für die Reichseinigung freimachte, so konnte Kohl durch sein festes Bündnis mit Amerika erst die englischen, dann die polnischen und am Ende auch die russischen Einwände überspielen und die vierzig Jahre maßgebliche Ordnung Europas umbauen, ohne Deutschland zu isolieren und damit neuen Gefahren auszusetzen.

Seit Bismarcks Bündnissystem von den Nachfolgern aufgegeben worden war, war es das erste Mal, daß ein deutscher Regierungschef wieder Weltpolitik machte, ohne das Land ins Chaos zu führen. Rathenau und Stresemann waren an inneren Widerständen gescheitert, Adenauer und Brandt hatten zwar Bedingungen für Kohls Erfolg gesetzt, aber nicht die Zeit erlebt, in der Gestaltungsmöglichkeiten zu Wirklichkeiten wurden. Es mag merkwürdig klingen, doch Kohl hat am Ende einen Fehler weniger als Bismarck gemacht. Das Reich von 1871 war von Beginn an mit einer Hypothek, der Annexion Elsaß-Lothringens, belastet, die seine Stellung gefährdete und seine Bündnismöglichkeiten beschränkte. Als die Nachfolger Bismarcks nicht mehr die Kraft fanden, die Interessen des Reiches so zu definieren, daß es nicht in die Isolierung geriet, begann sich Europa auf den Ersten Weltkrieg zuzubewegen. Natürlich führte keine logische Konsequenz von Versailles 1871 nach Versailles 1919, da menschliches wie politisches Versagen den Krieg zu einem zu verantwortenden Ereignis und nicht zu einem Schicksalsschlag machte. Dennoch kann man Bismarck nicht freisprechen. Was ihm im Verhältnis zu Österreich gelang, ein Frieden ohne Revanchegelüste, mißlang ihm gegenüber Frankreich. Bismarck lebte lange genug, um die Folgen in ihren Anfängen noch zu erleben, und er hatte am Ende seines Lebens erhebliche Zweifel, ob das Reich, das er in den Sattel gesetzt hatte, auch reiten könne. Ähnliche Zweifel mögen Helmut Kohl beim Tun der Kinkel, Rühe und Stoiber beschleichen. Doch hat er nicht wie Bismarck dem Land eine Hypothek aufgebürdet, auf deren Belastung sich die Nachfolger berufen könnten, wie einst Leo Caprivi, Bismarcks erster Nachfolger, als er das Spiel mit den fünf Bällen als für ihn zu schwierig aufgab. Kohl hat seinen Nachfolgern ein solches Spiel als Notwendigkeit nicht hinterlassen.

Um die außenpolitische Leistung Kohls zu würdigen, soll zum Abschluß einer seiner größten Verächter zitiert werden: Rudolf Augstein. Im «Spiegel» 11/1990 erschien Augsteins Kommentar noch mit der Überschrift: «Er kann es wirklich nicht». Im «Spiegel» 30/1990 endete Augsteins Betrachtung mit den Worten: «Den Staatsmann Kohl wird man nicht mehr von der Landkarte tilgen können. Glückwunsch, Kanzler!»

Die Kritiker

Der Politiker muß zur Durchsetzung seiner Vorstellungen ein Regierungsamt anstreben, um damit Macht zu erlangen. Dabei hat er Konkurrenten, die er teils hinter sich zurückläßt, teils als Verbündete im Machtpoker braucht und auch nutzt und anschließend belohnt. Die Unterlegenen der eigenen Seite wie die parteipolitischen Gegner, die ihre Macht zuerst verteidigen und dann verlieren, begründen diese Haltung moralisch im Interesse des Ganzen, des Gemeinwohls. Sie haben gute Argumente, weshalb sie den Machtwechsel verhindern und selbst an der Macht bleiben müssen. Die dabei ausgetauschten Argumente sind für den Politikwissenschaftler wie für den Historiker nicht sehr ergiebig, denn sie sagen oft wenig über die wahren Absichten und wirklichen Ziele. Daß ein solcher Machtkampf mit harten Bandagen geführt wird und an der Person des politischen Gegners kein gutes Haar läßt, ist üblich und nicht zu verwundern. Hier erstaunt nur, wenn das Argument sich als richtig erweist, wie der Slogan der Kommunisten zur Reichspräsidentenwahl 1932: «Wer Hindenburg wählt, wählt Hitler, wer Hitler wählt, wählt den Krieg.» Doch eine solche historische Übereinstimmung einer Wahlkampfparole mit der Realität ist höchst selten. Trotz außen- wie innenpolitischer Fehler hätte ein Wahlsieg der SPD im Jahre 1957 nicht den Untergang Deutschlands bedeutet, wie Adenauer den Wählern suggerierte, und ebensowenig war die CDU friedensunfähig, wie die Sozialdemokraten 1976 und 1980 nicht müde wurden zu behaupten.

Die Kritik an Helmut Kohl, die sich aus diesen Quellen speist, kann man getrost übergehen. Interessant bleiben die grundsätzlichen, über den Machtkampf hinausreichenden Einwendungen gegen Person und Programm des Politikers Helmut Kohl. Sie kamen und kommen in erster Linie von den Intellektuellen. Seit Robert Walpole, der in der ersten Hälfte des 18. Jahrhunderts Premierminister Großbritanniens war, ist kein Politiker so ausdauernd von den Intellektuellen verfolgt, seine Person verächtlich gemacht worden. Das hat nur zum Teil mit dem Gegensatz von rechts und links zu tun. Natürlich hatte Helmut Kohl in den Augen seiner intellektuellen Kritiker das Verbrechen begangen, eine sozialdemokratische Regierung abzulösen, die zwölf Jahre zuvor mit dem Anspruch, mehr Demokratie zu wagen, auch die Versöhnung von Geist und Macht erzwingen wollte. Doch dem Wonnemond des intellektuellen Wahlkampfes für Willy Brandt war längst die Herbstzeit der Entfremdung von Helmut Schmidt gefolgt. Der Kanzler der Nachrüstung und der preußischen «Sekundärtugenden» zog die erlauchten Geister weit weniger in seinen Bann als der Menschheitsträumer Brandt. Doch auch wenn man in Rechnung stellt, daß sich hier der Abbruch eines Experiments vollzog, das viele Intellektuelle begeistert begrüßt hatten, erklärt dies die mit Verachtung getränkte Feindschaft nicht.

Adenauer, Erhard, Kiesinger haben weit weniger Haß auf sich gezogen, trotz Brentanos fatalem Wessel-Brecht-Vergleich und Erhards Pinscher-Ausrutscher. Ein Buch, wie es der nicht ganz unbedeutende Literat Eckhard Henscheid in Form einer fiktiven Biographie über Helmut Kohl geschrieben hat[87], wäre über Adenauer nicht möglich gewesen. Das unappetitlich Bösartige dieser «Biographie einer Jugend» reicht weit über eine politisch-persönliche Feindschaft hinaus. Das gilt auch von manchen Auslassungen Staecks, Hildebrandts und Engelmanns, wobei nur letzterem die geistige Fernsteuerung durch den anderen deutschen Staat unterstellt werden darf. Das Phänomen wird wohl am ehesten durch den Vergleich mit Walpole erklärt. Er hatte mit Kohl mehr gemein, als der zeitliche Abstand vermuten läßt.

Robert Walpole war sein Leben lang ein schlichter Landedelmann. Ungeschliffen, mäßig gebildet, dem Wein wie der Jagd zugetan, liebte er den deftigen Witz und das kräftige Lachen. Ein Bourgeois unter Aristokraten, ein Bauer unter geistvollen Roués, hatte Walpole nichts von jener anmaßenden Arroganz, die die Angehörigen der großen Whig-Familien, den Königen aus dem Hause Hannover, so verhaßt machten. Er war dem Land verbunden, hatte «common sense» und war ein Feind aller Heuchelei. Doch ein Mangel an innerer wie äußerer Würde, die Verachtung des Geistigen hinterlassen den Eindruck eines schalen Materialismus und trugen Walpole die Feindschaft der Schriftsteller des augusteischen Englands – Fielding, Gay, Pope und Swift – ein. Das Urteil über Walpole ist schwankend geblieben. Die einen – so sein Biograph Morley – sehen in ihm den großen Friedensminister, den ersten wirklichen Premierminister Englands, der die Hannoversche Dynastie und die protestantische Erbfolge sicherte und der schließlich das Kabinettssystem erfand, durch das England noch heute regiert wird. Die anderen, so vor allem seine intellektuellen Kritiker, sehen in ihm den geschickten parlamentarischen Manager, der die Macht so sehr liebte, daß er sie mit niemandem teilen wollte, der die Befriedigung von Interessen zum Regierungssystem erhob und damit das gemeine Wohl auf die Oppositionsbänke verwies.

Es ist die gleiche Mischung aus ethischen und ästhetischen Argumenten, die gegen Helmut Kohl vorgebracht worden ist. War es dort der Bürger und Landedelmann unter Aristokraten, so ist es hier der Kleinbürger und Philister unter Intellektuellen, der die Verachtung hervortreibt. «Es ist vielmehr der Mangel an politisch stilistischer Weltläufigkeit im ideologischen wie im gesellschaftlichen Sinne, der erstaunlicherweise die westdeutschen Konservativen umgibt, sieht man von ihrem industriellen und großbürgerlichen Flügel einmal ab. Die CDU wirkt, einfach ausgedrückt, provinziell. Nicht nur ihre so sehr zur Schau getragene Karnevals- und Weinseligkeit, auch ihre Bürgerlichkeit: zu bieder, zu sehr Bürger im Sinne der altfränkisch-reaktionären Reichsstadtverfassung denn im säkularisiert-modernen Sinne des Citoyens.»[88] Und Karl-Heinz Bohrer, von dem dieses Urteil stammt, beschließt sein Porträt, das er anläßlich der Regierungsübernahme Kohls in der FAZ zeichnete, mit den Worten: «Mangel an Intellekt, Mangel an Zukunftsphantasie, Mangel an Flair und persönlichem Stil.»

Intellektuelle müssen dem Machtgerangel distanziert gegenüberstehen, sie träumen von der herrschaftsfreien Kommunikation Aufgeklärter und hängen besonders in Deutschland am romantischen Ganzheitsideal, wie es uns Thomas Mann in den «Betrachtungen eines Unpolitischen» überliefert hat. Doch jene besonders heftige Aversion wurzelt letztlich im Ästhetischen. Das Bürgertum war der Gegner, den man als solchen ernst nehmen und bekämpfen konnte, das Kleinbürgertum – eine Zwischenwelt, der man selbst entstammte und die man um so heftiger ablehnte. Auch hierzu gibt es eine geschichtliche Parallele. Der Verachtung für Walpole entsprach einhundert Jahre später der Haß der geistigen Elite Englands auf Castlereagh. Doch dieser Haß galt dem falschen Prinzip und der Größe seines Verteidigers: «Castlereagh war kalt, eng, eigensinnig und fleißig, ein Mann, der seine ganze Kraft der falschen Seite fast jeder großen Sache widmete.»[89] Bei aller Gegnerschaft spricht aus diesem Porträt doch auch ein gewisser Respekt vor der gegnerischen Größe, eine widerwillige Bewunderung aristokratischer Enge und Kälte. Helmut Kohl dagegen konnte bis in die Tage der deutschen Wiedervereinigung hinein tun oder lassen, was er wollte, das Wie machte immer das Was zunichte, er blieb der «Antiheld», eine triviale, unästhetische Erscheinung, mit der die politische wie intellektuelle Auseinandersetzung nicht lohnte. Denn was hat es letztlich mit Politik zu tun, wenn Hellmuth Karasek schreibt: «Dabei ist Würde ein Wort, das Kohl tunlichst meiden sollte. Die eher joviale Erscheinung des Pfälzers, dessen unbeholfene Körperlichkeit Satiriker und Karikaturisten unabweislich zum Birnenvergleich genötigt hat, das Lachen, das ihn oft auch noch auf der Regierungsbank überfallartig schüttelt, der Blick, der hinter der Brille wie hinter Käfiggittern entlangschweift, das legt alles andere nahe als den Gedanken an Würde.»[90] Als die außenpolitische Erfolge dieses Kohl-Bild unglaubwürdig machten, verwandelte sich der Tor in einen Machiavellisten, der Tölpel wurde zu einem geschickten Manipulator deutscher Geschichte. Umstandslos verbrannten die Intellektuellen das alte Bild und tauschten es gegen ein neues ein, das Kohl zum Übermenschen stilisierte.

Die intellektuelle Kritik ist deshalb so wenig hilfreich, weil sie an selbstverschuldeten Wahrnehmungsdefiziten leidet und über der Kritik an der Form dem Inhalt nicht gerecht geworden ist. Das gleiche gilt mutatis mutandis für jenen Restbestand großbürgerlicher Kritik, der sich ebenfalls am kleinbürgerlich Provinziellen stört. Bismarcks sprachliche Kraft, Rathenaus Kunstsinn und Stresemanns Weltläufigkeit sind die wehmütigen Erinnerungsstücke, an denen Kohl gemessen wird und denen er nicht gerecht werden kann. Dem demokratischen Politiker fehlen Farbigkeit und Unverwechselbarkeit; er kann den Staat zwar verwalten, aber nicht symbolisieren. Seine Sprache ist so abgenutzt wie die von den elektronischen Medien geprägte Sprache des Durchschnittsdeutschen, und es fehlen ihm Zeit wie Kraft, im Parlament rhetorisch zu brillieren. Seine Welt ist grau und unübersichtlich, während die Bismarcks noch farbig und begreifbar war. Doch hier unterscheidet sich die Welt Helmut Kohls nicht mehr von der Welt John Majors und der deutsche Provinzialismus nicht von der Urbanität der «grand écoles» und der Oxbridge-Absolventen. Die Krise des Politischen ist so wenig auf Deutschland beschränkt wie die Krise des Ästhetischen in der Politik. Die Komplexität der politischen Prozesse und die Überforderung des Staates durch die Ausdehnung der Politik auf immer neue Lebensbereiche lassen kaum noch Schwarz-weiß-Entscheidungen und einsame Entschlüsse zu. Zu viele Akteure und Betroffene auf der nationalen, internationalen und supranationalen Ebene sind einzubinden und zusammenzuführen. Spektakuläre Aktionen politischer Führung sind deshalb dem behutsamen Abwägen und der Einigung auf den kleinsten gemeinsamen Nenner gewichen[91], was für den Beobachter weder spannend noch einprägsam ist.

Auch John Major hat das kleinbürgerlich Provinzielle nicht abstreifen können. Nichts von der Brillanz eines Canning, dem Witz eines Fox oder der Exzentrik eines Disraeli. England ist heute ein Land wie jedes andere und John Major nicht urbaner und interessanter als Helmut Kohl. Nachdem der Reiz des Ästhetischen auch aus der britischen Politik verschwunden ist und die «classe politique» des Inselreiches nicht mehr vom Nimbus eines Weltreiches zehren kann, sind die Biographien der handelnden Personen vergleichbar und damit auch vergleichbar langweilig geworden. Während in England auch nach 1945 mit Macmillan, Eden und Home noch der aristokratische Typus fortlebte – so in Deutschland von Adenauer bis Brandt der bürgerliche und proletarische. Heute hat sich in beiden Ländern der kleinbürgerliche Aufsteiger durchgesetzt, und die «Vielfältigkeit bürgerlicher Individuen im französischen, englischen Parlament und im amerikanischen Abgeordnetenhaus»[92] ist, wie im Bundestag, auf dem Rückzug. Die großbürgerlichen Kritiker Helmut Kohls zehren von der Erinnerung an ein Traumbild, das auch in den klassischen Demokratien nicht mehr alltägliche Realität ist.

Grundsätzliche, immer von neuem vorgetragene Einwendungen gegen die Person wie die Politik Helmut Kohls kamen, solange er lebte, von Franz Josef Strauß, und noch seine Erinnerungen sprechen diese Sprache. Doch hat die Geschichte am Ende fast immer Helmut Kohl recht gegeben; nur in der Wörner-Kießling-Affäre bleibt richtig, was Strauß bitter resümiert: «Ein Verteidigungsminister, der sämtliche Ehrengebote verletzt, das Offizierskorps beleidigt, Generäle demütigt, sich dazu noch widerlicher Kronzeugen bedient, wäre in jedem anderen demokratischen Land keinen Tag länger im Amt geblieben.»[93]

Während Kohl von den Intellektuellen verachtet wurde, war Strauß ihr eigentlicher Haßgegner, dessen zahlreiche Affären Anlaß zum Moralisieren boten und dessen starke Sprüche die Angst vor dem starken Mann schüren halfen. Der wirkliche Gegner war Strauß, Kohl immer nur dessen Werkzeug, weil die Wahrnehmungssperre bei der Beurteilung der intellektuellen Fähigkeiten des heutigen Bundeskanzlers ein anderes Bild nicht zuließ. Strauß wurde von denen, die ihn haßten und fürchteten, zugleich heimlich bewundert ob seiner vermeintlichen Kraft und Durchsetzungsfähigkeit. Diese Bewunderung klingt noch im Vergleich zwischen Strauß und Möllemann an, mit dem Karl-Heinz Bohrer den letzteren zur Unperson, zum «Vakuum-Mann» stilisiert. Doch was als negative Charakteristik des einen billig und richtig ist, überhöht den anderen: «Ein aalglatter Karrieremacher, ohne geistigen Hintergrund und ohne historische Bildung, vergleicht sich mit dem politischen und intellektuellen Potential des ehemaligen bayerischen höheren Lehramtskandidaten für antike Sprachen, dessen philologische Brillanz und Kenntnisse seine ehemaligen Universitätslehrer erinnerten, was immer sie sonst politisch von ihm halten mochten.»[94] Doch gerade jenes politische und intellektuelle Potential vermißt man bei dem Kohl-Gegner Strauß, dessen Urteilsfähigkeit so oft von Wut und Bitternis getrübt war. Niemand hat so sehr zur Verfälschung des Kohl-Bildes, wie es dann unzählige Witze und Sprüchebücher transportiert haben, beigetragen wie Franz Josef Strauß. Von ihm stammen die zahlreichen negativen Epitheta, die sich zum «hoffnungslosen Fall» Kohl verdichteten, illustriert und auf den Punkt gebracht in der schon zitierten «Wienerwald-Rede», wo er über Kohls Führungsstil das Folgende von sich gab: «Aber wenn ein Rentner mit fünf Dackeln spazierengeht, der eine hebt's Bein, der andere läuft dem Wurstzipfel nach, der dritte verschwindet in der Kantine, der vierte legt sich im Straßengraben schlafen, und der fünfte jault durch die Gegend, und wenn man ihn dann fragt, ja, was ist denn da los, sagt der, ja, das ist mein Führungsstil.» Auf seine haßverzerrten Urteile konnten sich linke wie rechte Kritiker berufen, wenn sie Kohl die Befähigung zum mächtigsten Staatsamt absprachen. Berechtigt waren diese Auslassungen selten, genutzt haben sie am Ende gerade jenen, die Strauß zerstören wollte – den Liberalen.

Je erratischer und unberechenbarer sich Strauß gab, um so fester band er einen Teil der bürgerlichen Wähler an die Liberalen, und je gewalttätiger er verbal um sich schlug, um so fester knüpfte er das Band zwischen Kohl und einer anfangs skeptischen CDU. Der Kampf gegen den Polenvertrag schloß 1976 die Reihen zwischen SPD und FDP, die Auflösung der Fraktionsgemeinschaft mit der CDU nach dem knappen Wahlsieg der Regierungskoalition war strategisch nicht durchdacht und verschaffte der sozialliberalen Koalition eine Atempause. Das Gerede von der babylonischen Gefangenschaft der FDP war historisch falsch und politisch schädlich, die Kanzlerkandidatur von Strauß im Jahre 1980 verhinderte den Machtwechsel, obwohl die Partner längst einander entfremdet waren. Der Versuch, die FDP im Augenblick des Wechsels durch sofortige Wahlen zu zerstören, war kurzsichtig, da der CDU/CSU schon vier Jahre später, wenn die absolute Mehrheit verlorengegangen wäre, der Partner gefehlt hätte. Der Binnenwahlkampf gegen Genschers Außenpolitik verschaffte der FDP 1987 ein fast zweistelliges Ergebnis und ließ die Union von 48 Prozent in Umfragen im Dezember auf 44,3 Prozent sinken. Die Auseinandersetzung um das steuerfreie Flugbenzin ruinierte die öffentliche Wirkung der Steuerreform, und der Widerstand gegen die doppelte Nullösung entfremdete Strauß sogar seinen nationalkonservativen Freunden in der CDU.

Daß der von Strauß initiierte Milliardenkredit die DDR kurz vor ihrem Untergang noch einmal stabilisierte, gehört in diese Bilanz, auch wenn sein Irrtum von vielen geteilt wurde, die es hätten besser wissen können. Die politische Kraft reichte immer nur zur Zerstörung, die intellektuelle nie zur konstruktiven Alternative. Daß der Mann, dem Strauß einmal im Zorn weissagte, daß er sein letztes Kapitel von «Ich war vierzig Jahre Kanzlerkandidat» in Sibirien schreiben würde, am Ende aus dem Kaukasus das Gut heimbrachte, für das die CSU vor dem Bundesverfassungsgericht auch gegen die CDU glaubte streiten zu müssen, ist eine bittere Ironie der Geschichte. Sie rechtfertigt die melancholische Feststellung, daß Strauß zur rechten Zeit abberufen worden sei, «bevor er das alles hätte mit ansehen müssen – womöglich in München gerade beschäftigt mit der bayrischen Milchabgabeverordnung».[95]

Wenn man Kurt Biedenkopf heute «wir Sachsen» sagen hört, hat man das Gefühl, daß dieser Mann nie etwas anderes als Politik für Sachsen in Sachsen gemacht hat, und nur wenige erinnern sich, daß Kurt Biedenkopf einst dem Land zwischen Rhein und Weser sein Herz zu Füßen gelegt und auf einem Landesparteitag der westfälischen CDU mit Inbrunst davon gesprochen hat, daß ihm Westfalen zur neuen Heimat geworden sei, und er für dieses Land dasein wolle, an welcher Stelle auch immer. Biedenkopfs Problem bleibt ein Glaubwürdigkeitsproblem; zu oft hat er nach dem Grundsatz gehandelt: Hier stehe ich, ich kann auch anders! Es ist wie im Märchen von Hase und Igel. Biedenkopf ist immer schon da, hat Ideen, bevor sie andere haben, hat seine Gedanken geordnet, bevor andere noch damit begonnen haben, und hält Lösungen für Zukunftsprobleme parat, die andere noch gar nicht entdeckt haben. Ob Generationenvertrag, Sicherheit der Renten, die neue Armut, Ordnungspolitik oder Steuergerechtigkeit, Biedenkopf verströmt Kompetenz und weiß, wo es langgeht. Daß dies mit Helmut Kohl nicht lange gutgehen konnte, lag auf der Hand. Zu den Stärken wie Schwächen Kohls gehört das Elefantengedächtnis für jene, die sich von ihm gelöst, die ihm geschadet, die seinen Weg in unfreundlicher Absicht gekreuzt haben. Wenn sein Biograph Maser triumphierend schreibt, daß nach Geißlers Entlassung nun er die CDU ist, dann liegt darin kein Triumph, sondern Tragik. Denn keine Partei kann es sich leisten, die intelligentesten Köpfe in die Kulissen zu schieben. Kohls Behandlung von Biedenkopf und Geißler ist von persönlicher Rankünе bestimmt, seine Macht- und Kaderpolitik ein Zeichen von Schwäche, nicht von Stärke.

Doch auch bei Biedenkopf muß wie bei Strauß nach der Relevanz seiner Analysen und der Kraft seines Veränderungswillens gefragt werden. Und da neigt sich die Waage zu Kohls Gunsten. Daß der frischgebackene Generalsekretär schon kurz nach seinem Amtsantritt den Versuch unternahm, im Zusammenspiel mit Strauß Kohl auszuschalten, war ein unverzeihlicher Loyalitätsbruch. Daß er ihn dann ohne Abstimmung mit der CSU zum Kanzlerkandidaten ausrief, war für das Binnenverhältnis beider Parteien verheerend und zerstörte das persönliche und politische Verhältnis Biedenkopfs zu Kohl wie zu Strauß. Daß er 1979 den Versuch unternahm, eine Mehrheit für die Trennung von Partei- und Fraktionsvorsitz zu gewinnen und Kohl von letzterem zu seinen Gunsten zu verdrängen suchte, mag man als normalen

Machtkampf betrachten, wenn nicht die Tatsache stören würde, daß er noch kurz zuvor ebenjener Einheit von Partei- und Fraktionsspitze das Wort geredet hatte – ein Vorgang, der sich erst kürzlich wiederholte, als er anläßlich der Gehälteraffäre in Sachsen-Anhalt im Parteivorstand für und im Präsidium gegen den unglückseligen Münch Stellung nahm. Sein Kampf gegen den roten Filz in Nordrhein-Westfalen endete schnell, als der scharfe Analytiker bemerken mußte, daß es sich nicht um roten, sondern um schwarz-roten Filz handelte. Auch die von ihm entdeckte neue Armut, der diejenigen zum Opfer fallen, die keine Interessenvertretung in der Auseinandersetzung zwischen Kapital und Arbeit haben, blieb ohne programmatische Folgen. Daß Biedenkopf auf dem Höhepunkt der Auseinandersetzung um die Nachrüstung zwar den Doppelbeschluß bejahte, die ihm innewohnende Logik aber verwarf und eine Überprüfung der NATO-Strategie verlangte, soll Kohl den Stoßseufzer entlockt haben: «Lieber Gott, schütze mich vor meinen Freunden, mit meinen Feinden werde ich schon selber fertig.» Es war zu intelligent oder, vielleicht besser, zu schlau, um überzeugend zu sein.

Das ist das Problem des Politikers Kurt Biedenkopf – er ist immer brillant, seltener schon glaubwürdig und oft völlig unsensibel. Man mag über die Sicherheit unserer Renten und die Haltbarkeit des Generationenvertrages zu Recht und trefflich streiten, den Menschen diese Diskussion während der Weihnachtsfeiertage aufzwingen zu wollen, zeigt einen dem Politiker nicht erlaubten Mangel an Sensibilität. Kurt Biedenkopf ist möglicherweise ein guter Ministerpräsident, er wäre vielleicht ein kluger Wirtschafts- und Finanzminister, an dem Platze Helmut Kohls wäre er wahrscheinlich ein Zauberkünstler, der am Ende die Kaninchen nicht mehr einfangen könnte, die er zur Unterhaltung des Publikums aus dem Zylinder geholt hätte. Daß Kohl nicht die Größe hat, den Professor für die Partei zu nutzen, bleibt dennoch ein unentschuldbarer Fehler, der auch nicht dadurch relativiert wird, daß auch Bismarck nicht anders gehandelt hätte.

Bleibt als dritter und letzter der innerparteilichen Kritiker Helmut Kohls sein zweiter Generalsekretär Heiner Geißler. Erst der Hamburger Parteitag hat der CDU wieder einmal vor Augen geführt, was sie an diesem Generalsekretär hatte und was sie mit ihm verloren hat. Heiner Geißler – das ist noch immer die Seele der Volkspartei CDU, der Mann der großen Kampagnen, des fruchtbaren Streits, aber auch der eindeutigen Positionsbeschreibungen. Geißler besitzt, was Kohl fehlt – analytische Schärfe, intellektuelle Brillanz und Definitionsmacht der Mitte, die sich für den Kanzler oft in einer gefühligen Normalität erschöpft. Heiner Geißler hat das Land polarisiert und Sozialdemokraten zur Weißglut getrieben. Vor seinen Kampfansagen haben sie sich gefürchtet, er konnte ein Thema besetzen, ihm gelang es, die «kulturelle Hegemonie» wie die Lufthoheit über den Stammtischen zu erringen und den politischen Gegner in die Defensive zu drängen. Neben Taktischem, wie der «Mietenlüge», stand aber bei Geißler immer auch Grundsätzliches im Streit. Er konnte auf den Punkt bringen und zuspitzen, was einen Kern von Wahrheit enthielt, und diesen Kern fürchteten die Getroffenen mehr als die Übertreibung.

Daß der Gesinnungspazifismus auch die KZs mitverschuldet hat, konnte wahrscheinlich nur in Deutschland einen Sturm der Entrüstung auslösen. Harold Nicolson ist dafür ein Zeuge der Anklage, aber auch der Erfinder der Appeasementpolitik selbst, Stanley Baldwin, hat nach dem Krieg diesen Zusammenhang eingeräumt. Auf die Vorwürfe, daß er sich Stimmungen angepaßt und damit fast die Überlebensfähigkeit des Landes verspielt hätte, hat er einmal geantwortet: «Angenommen, ich wäre vor das Land getreten und hätte gesagt: ‹Deutschland rüstet wieder auf, und deshalb müssen wir auch aufrüsten!› Glaubt irgend jemand, daß unsere pazifistische Demokratie in diesem Augenblick einem solchen Ruf gefolgt wäre? Ich kann mir nichts denken, das aus meiner Sicht den Verlust der Wahlen sicherer gemacht hätte.»[96] Und er führte als Beleg für diese These die Nachwahl von East Fulham fünf Monate nach dem Beschluß der Oxford Union, unter keinen Umständen für König und Vaterland zu kämpfen, an: Dort hatte sich die konservative Mehrheit von 14 521 Stimmen in eine Labourmehrheit von 4840 Stimmen verwandelt. Das erstaunliche Resultat wurde damals wie heute darauf zurückgeführt, daß der konservative Kandidat für die Wiederaufrüstung eintrat und sein Gegenspieler ihm Kriegstreiberei vorwarf.

«Der schlimmste Hetzer seit Goebbels», wie Willy Brandt Heiner Geißler einst in höchster Erregung titulierte, polarisierte, ohne das Land wirklich zu spalten, denn er meinte es bitter ernst mit den demokratischen Grundwerten, mit der Symbiose von konservativen, ökologischen, liberalen und sozialen Ideen, mit der Mannheimer Erklärung und den Essener Grundsätzen. Heiner Geißler ist heute die Stimme der CDU, die ausspricht, was nicht mehr selbstverständlich ist, daß Freiheit, Gleichheit und soziale Gerechtigkeit Grundwerte sind, das Nationale hingegen nicht, da man es mit jeder Barbarei und jeder Ideologie verbinden kann. Geißler hat die Nationalkonservativen mit dem Begriff der multikulturellen Gesellschaft ebenso erzürnt wie mit seinem Wort von Deutschland «in den Grenzen von 19XY». Nicht alles war zu jeder Zeit richtig, die Lagertheorie beispielsweise erwies sich in Wahlen nicht als schlüssige Analyse, doch in den Grundfragen hatte Geißler fast immer recht. Deutschland ist heute in den Grenzen von 19XY vereint, und die multikulturelle Gesellschaft ist in Städten wie Frankfurt und Berlin längst politische und gesellschaftliche Realität.

Wenn Geißler die Partei und ihren Vorsitzenden daran erinnert, daß die ökologische Frage trotz aller Meinungsverschiedenheiten Gemeinsamkeiten mit den Grünen schaffe, die es mit der Rassen- und Volkstumsideologie der Rechtsradikalen niemals geben könne, wenn die CDU sich nicht vom christlichen Menschenbild verabschieden will, dann spricht er zwar eine Selbstverständlichkeit aus, aber dennoch eine, zu der viele in der Partei ein Wenn und ein Aber bereithalten. Heiner Geißler ist überzeugter Europäer, weil er die deutschen Interessen analysiert hat, und er ist Christdemokrat, weil er der SPD, die so oft das Falsche vertrat, das Richtige nicht zutraut. Erst national und antiwestlich, dann proeuropäisch und antiamerikanisch und schließlich sehr nachsichtig – um das mindeste zu sagen – gegenüber der sowjetischen Expansion und ihrer deutschen Satrapie. Geißler ist der nationale Sozialist, Bahr so unheimlich wie den Nationalkonservativen in der eigenen Partei, doch er glaubt, diese in der christlichen Volkspartei domestizieren zu können, während die SPD keine moralischen Gegenkräfte gegen nationalen Opportunismus mobilisieren kann.

Heiner Geißler ist kein Linker und kein Internationalist, Heiner Geißler ist ein philosophischer Liberaler mit sozialem Gewissen, der innenpolitisch jene gesellschaftspolitische Integrationsleistung vollbringen möchte, die Kohl außenpolitisch so brillant gelungen ist. Er mahnt an, was die Partei versprochen hat, und wirkt ungeduldig, weil sie auf halbem Wege stehengeblieben ist und sich den kühnen Innovationssprung nicht mehr zutraut. Geißlers Kritik an Kohl war immer konstruktiv, von eigenem Ehrgeiz zwar nicht frei, aber doch nicht so dominiert wie bei Strauß und Biedenkopf. Geißler hat als Generalsekretär mit der christlichen Volkspartei der Mitte etwas Neues, das Rechts-Links-Schema hinter sich Lassendes geschaffen, und er sieht halb melancholisch, halb trotzig, wie dieses Erbe erst nationalkonservativ durchtränkt und schließlich zerstört wird. Seine Sorge gilt nicht der «Sozialdemokratisierung» der CDU, sondern der «Christdemokratisierung» der SPD. Die CDU war etwas Neues, ihre Gründung keine konservative Parteigründung. Sie war der Zusammenschluß bürgerlicher wie nichtbürgerlicher Kräfte unter einem ethischen Signet. Die Gründung der CDU war eine Absage an alle vorindustriellen Werthaltungen und Strukturen. Sie war der endgültige Durchbruch der demokratischen Industriegesellschaft in Deutschland und damit eher ein Neubeginn als eine Wiederaufnahme verschütteter Traditionen. Mit der Gründung der CDU wurde Weimar innenpolitisch überwunden, wie die Gründung der Europäischen Gemeinschaft Weimar außenpolitisch hinter sich gelassen hat. Deshalb gehört für Geißler auch beides zusammen und fügt sich für ihn zur Wertegemeinschaft, die es im Inneren wie Äußeren zu bewahren gilt.

Heiner Geißler könnte, wenn die Partei die Wahlen und den Vorsitzenden verliert, eher als Biedenkopf der Burke der Partei werden, ein konservativer Reformer, dessen moralische Grundsätze ehern und unangreifbar sind und der den Anspruch, die natürliche Regierungspartei des Landes zu sein, glaubwürdiger verkörpert als Schäubles Rückwendung zum preußisch-deutschen Nationalstaat. Daß Geißler Fehler gemacht hat, wäre dafür kein Hindernis, daß Geißler in einen «Putsch» verwickelt war, berührt seine Integrität. Es soll hier nicht über den müßigen Versuch, Kohl als Parteivorsitzenden abzulösen, im einzelnen berichtet werden, die Motive hat Biedenkopf am 23.8.89 in der «Süddeutschen Zeitung» in die Worte gekleidet: «Das Land ist in guter Verfassung. Von der CDU läßt sich das nicht behaupten. Sie hat in den letzten Jahren Schaden genommen... Kohls CDU-Bilanz ist erschreckend negativ, verkrustet, verbonzt, veraltet und verschuldet ist die Partei.»

Viele wollten einen anderen Vorsitzenden, Geißler ein schärferes Profil der CDU. Dennoch war der Weg falsch und die Niederlage absehbar. Der Generalsekretär wird vom Vorsitzenden vorgeschlagen und vom Parteitag gewählt, er hat also eine doppelte Loyalität gegenüber der Person wie gegenüber der Partei. Geißlers Fehler war es, die Loyalitäten, als sie in Konflikt gerieten, zu gewichten und der Loyalität gegenüber der Partei einen höheren Stellenwert einzuräumen als derjenigen gegenüber der Person des Vorsitzenden. Geißler hätte zurücktreten und seine Differenzen mit dem Vorsitzenden dem Urteil der Partei überlassen müssen. Statt dessen ließ er sich instrumentalisieren und gegen den Vorsitzenden in Stellung bringen. Dafür hatte er kein Mandat, und so scheiterte er. Nicht das fehlende Machtbewußtsein der Rebellen, sondern die tiefsitzende Überzeugung der Partei, daß so etwas nicht anständig sei, hat ihn zu Fall gebracht. Für Kohl war es nicht nur das Ende einer Freundschaft, sondern wie immer im Falle einer Gefährdung seiner Macht verhängte er ewige Verdammnis über den Rebellen. Doch Geißler ist kein Wallenstein und sein Aufbegehren war kein Verrat, sondern ein Akt der Verzweiflung. Daß die Partei es heute genauso sieht, hat der Beifall der Delegierten auf dem Hamburger Parteitag bewiesen. Daß Helmut Kohl den Strategen und Intellektuellen zu einem Zeitpunkt, wo gute Leute rar geworden sind, nicht wieder in Gnaden aufnimmt, zeigt einen zwar machtbewußten, aber auch engen und kleinkarierten Vorsitzenden, der das Staatsmännische gerade dort vermissen läßt, wo es für ihn und die Partei am wichtigsten wäre.

Die Fehler

Wer handelt macht Fehler, nur wer nicht handelt bleibt ohne Tadel. Helmut Kohl hat in einundzwanzig Jahren als Parteivorsitzender und in zwölf Jahren als Bundeskanzler eingestandenermaßen manche Fehler begangen und manche mehr, die er nicht eingestanden hat. Daß man Regieren erst lernen muß, daß falsche Mitarbeiter Probleme schaffen können, die einem selbst zugerechnet werden, ist so selbstverständlich, daß es dafür keines Kapitels bedurft hätte. Doch es gibt bei Helmut Kohl grundsätzliche Defizite, die ihn Fehler nicht aus Nachlässigkeit oder aus Unaufmerksamkeit machen ließen, sondern weil ihm für manches die Antennen fehlen und andererseits Züge seines Charakters so stark ausgeprägt sind, daß sie ihm den Blick auf bestimmte Folgen seiner Handlungen für Staat und Gesellschaft verstellen. Es geht hier also nicht um Ausfälle, Blackouts, falsche Wortwahl, unglückliche Formulierungen, taktische oder strategische Fehler, sondern um ein Versagen im Grundsätzlichen, das immer auf zwei miteinander eng zusammenhängende Defizienzen zurückgeführt werden kann.

Schon die Behandlung Biedenkopfs und Geißlers hat ihre Wurzeln in Kohls Machtbewußtsein, das der Macht der Partei und seiner Macht über sie unbedingte Priorität einräumt. Nichts besitzt einen größeren Wert, und nichts ist wert, über die Partei und ihr Wohlergehen gestellt zu werden. Man dient dem Staat, indem man der Partei dient, man dient dem Staat durch die Partei. Staat, Gesellschaft erhalten ihren Wert durch die Partei, die beide formt. Doch wenn die Partei zum Maß aller Dinge wird, dann reduzieren sich Entscheidungsanalysen auf die Frage: «Was nutzt oder was schadet der Partei?» Andere Kriterien, wie politische Kultur, gesellschaftliche Moral, die Wirkung auf Andersdenkende, gar auf «intellektuelle Spinner», ist nebensächlich und spielt für die Bewertung des Vorgangs keine Rolle.

Helmut Kohl hat immer dann Fehler gemacht und ist in Schwierigkeiten geraten, wenn andere Kategorien ins Spiel kamen, wenn eine Sache neben der parteipolitischen Dimension noch eine andere, idealistische, menschheitliche, kulturelle, symbolische hatte, wenn sich Kräfte ins Bild drängten, die er weder verstand noch verstehen wollte, die einfach über seinen moralischen Horizont hinweg argumentierten. Daß von diesen Kräften, die Kohl verachtet, dennoch Kraft ausgehen kann, hat er bitter erfahren müssen. Doch diese Erfahrungen haben ihn nie zu einer grundsätzlichen Einsicht, zur Änderung seiner Sichtweise gebracht. Gerade die schwersten Fehler hat er am wenigsten als solche gesehen, gerade die daran festgemachte Kritik hat er am weitesten von sich gewiesen und sie der «Linkslastigkeit» der Medien, dem Unverstand der Journalisten oder der Profilierungssucht seiner innerparteilichen Kritiker zur Last gelegt. Daß es für andere Menschen eine andere, nicht durch das Parteiinteresse bestimmte Sichtweise geben kann, hat ihn immer ratlos, ungeduldig und ungerecht gemacht. Maßstäben, die nicht die seinen sind, ist er selten mit Toleranz begegnet, und kritische Einwürfe gegen seine Person geraten ihm leicht zu Angriffen auf die demokratische Ordnung. Helmut Kohl ist wie jeder

Politiker ein Egomane, aber eben nicht nur für seine Person, sondern auch für die Partei. Alle schweren Fehler haben mit dieser Einstellung zu tun, die Lord Melbourne einmal in den Satz faßte: «Die erfahrenen Politiker sind so gewöhnt, Zweckmäßigkeit durch moralische Gründe zu rechtfertigen, daß sie das Unmoralische auch dann nicht erkennen, wenn es unzweckmäßig ist.»

Eines der skandalösesten Vorkommnisse während seiner Regierungszeit war die sogenannte Wörner-Kießling-Affäre, die damit begann, daß aufgrund von Gerüchten General Kießling dem homosexuellen Milieu zugerechnet und deshalb entlassen wurde. Als sich der General wehrte und seine Ehre wiederhergestellt haben wollte, wurden Zeugen aus dem «Milieu» gegen ihn in Stellung gebracht. Dabei griffen Verteidigungsminister und Kanzleramt am Ende persönlich ein, Wörner verhörte zwei «Strichjungen» und ließ einen einschlägig bekannten Schriftsteller aus dem homosexuellen Milieu der Schweiz nach Bonn einfliegen, um ihn gemeinsam mit dem Chef des Bundeskanzleramtes Schreckenberger zu verhören. Am Ende brach das Lügengebäude zusammen, und General Kießling mußte erst rehabilitiert und dann in Ehren verabschiedet werden. Daß Kohl Wörner hielt, ist weder damals noch später verstanden worden, denn es veränderte die Maßstäbe der politischen Verantwortung in Deutschland entscheidend. Vorher galt der Grundsatz, daß die politische Verantwortung auch dann zum Rücktritt zwingt, wenn das Fehlverhalten nur im Verantwortungsbereich des Ministers auftritt, ohne daß ihn persönliche Schuld trifft. Nach dieser Affäre reichte auch persönliches politisches Versagen nicht mehr für einen Rücktritt. Erst der Rücktritt von Bundesminister Seiters hat den Schaden für die politische Kultur des Landes beseitigt, den Wörners Bleiben hinterlassen hat.

Erbittert resümiert Franz Josef Strauß in seinen Erinnerungen das Ergebnis: «Wenn ich daran denke, daß ich als Verteidigungsminister gehen mußte, weil ich angeblich dem Parlament eine falsche Auskunft gegeben habe! Daß Wörner trotz der Kießling-Affäre im Amt blieb, verrät ein geradezu unvorstellbares Maß an Skandalfähigkeit.»[97] Gutwillige Betrachter haben Kohl bei dieser Entscheidung die Sorge um den Zusammenhalt des Kabinetts und die Furcht vor dem Verlust eines «Tüchtigen» zugebilligt. Zyniker wie Strauß sahen und sehen in Kohls Vorgehensweise die kühle Entscheidung für einen Verteidigungsminister ohne Gewicht und Einfluß im Kabinett, der später auch nicht öffentlich der doppelten Nullösung widersprochen hat, obwohl er sie für falsch hielt. Kohl hat hier Parteiräson vor Staatsräson gehen lassen, da Umfrageergebnisse die Akzeptanz seiner Entscheidung signalisierten und der Schaden für die politische Kultur eine «quantité négligeable» war. Parteipolitisch war die Entscheidung richtig und hat Kohl gewonnen, staatspolitisch war sie ein verhängnisvolles Signal für das Ausbleiben der von ihm selbst in Aussicht gestellten geistig-moralischen Wende.

Ganz ähnlich muß man den Amnestievorstoß in der Parteispendenaffäre bewerten. Doch hier war Kohl der Getriebene und nicht der Treibende. Alle Parteien hatten in den 60er und 70er Jahren Industriespenden an den Finanzbehörden vorbei und durch vorgeblich gemeinnützige Organisationen hindurchgelenkt. Dabei waren sie gegenüber den Industriellen die moralische Verpflichtung eingegangen, diese nicht als Steuersünder vor den Kadi zu stellen. Schließlich hatte die Politik die Rechtmäßigkeit dieses Handelns behauptet und Zweifelnden immer wieder versichert, daß sie recht hätten, weil die Praxis rechtens sei. Diese zweifelhafte Spendenpraxis verband sich mit den Spenden des Flick-Konzerns, die auch

Kohl für seine Partei genommen hatte und die sich als wenig selbstlos herausstellten. Hier war der Versuch gemacht worden, Steuerbefreiungen in Höhe von 840 Millionen DM für eine Transaktion, deren steuerbefreiender Wert zumindest umstritten war, durch Parteispenden zu retten. Der Adressat war die sozialliberale Koalition und Kohl nur der Erbe der FDP-Verwicklungen in diese Angelegenheit. Um die Koalition zu retten und Lambsdorff vor dem Verurteiltwerden zu bewahren, hatten schon Schmidt und Wehner über eine Amnestie für diese Art von Steuersünden nachgedacht, waren jedoch an der Fraktion gescheitert. Auch Kohls Antrieb war durchaus ehrenwerter Natur. Der Bosch-Vorsitzende Merkle hat später vor Gericht seinem Unmut über die moralische Feigheit der Politik Luft gemacht, die die Industrie erst zu dieser Praxis verführt hatte, um sie dann damit alleine zu lassen.

Dennoch bezeugt auch der zweite Versuch, diese Vergehen zu amnestieren, eine moralische Blindheit gegenüber der Symbolwirkung, die auf eine grundsätzliche Defizienz hinweist. Helmut Kohl hatte die Staatsquote verringert, den Haushalt saniert und dabei auch Einschnitte ins soziale Netz vertreten und durchsetzen müssen. In einer Gesellschaft, in der die Ärmeren gläserne Taschen haben, während Steuerhinterziehung zum Breitensport geworden ist, mußte die staatliche Amnestie von Steuervergehen einen Sturm der Entrüstung auslösen. Auch wenn die Grünen mit einem Untersuchungsausschuß Parteipolitik betreiben und den Kanzler in die Nähe des Meineides rücken wollten, waren es nicht «die Verderber des Staates», die hier Bestrafung und Recht wollten, sondern eine öffentliche Meinung, die den moralischen Substanzverlust spürte, den das Taktieren der Parteien dem Gemeinwesen zugefügt hatte. Es war nur ein kleines, aber nicht unwesentliches Detail, das von Brauchitsch, dessen buchhalterische Genauigkeit «wg. Kohl, Lambsdorff, Matthöfer» etc. alles in Gang gesetzt hatte, als junger Mann bei Gesprächen zwischen Flick und McCloy über die Entschädigung für Zwangsarbeiter in einer Art und Weise argumentiert hatte, «daß McCloy während der Tiraden des Herrn von Brauchitsch mehrmals den Raum verlassen mußte, weil sich ihm der Magen umdrehte».[98] Der Konzern, der bei der sozialliberalen Koalition um Steuerbefreiung kämpfte, hatte bis zum Tode von Friedrich Flick den jüdischen KZ-Insassen keinen einzigen Pfennig bezahlt. Auch hier war Helmut Kohls Haltung zwar verständlich, doch kaum vertretbar nach Maßstäben, die außerhalb der Partei- und Koalitionsräson liegen.

Über Bitburg und die Folgen ist an anderer Stelle des Buches geschrieben worden, hier kann es nur darum gehen, die Motivation Kohls noch einmal im Sinne der These von der Parteiräson zu prüfen. Und dies ist in diesem Falle schwieriger als in den anderen, denn in Bitburg hatte Kohl die Mehrheit der Deutschen, die Eltern Millionen Gefallener, auf seiner Seite, hier war er nicht nur Parteipolitiker. Der Fehler lag ursprünglich in der laxen Vorbereitung, die die SS-Runen auf den Grabsteinen übersah. Als der Besuch beschlossen und angesagt war, hätte seine Absage einen Gefühlssturm in der Bundesrepublik hervorgerufen, so wie das Beharren auf ihm einen Gefühlssturm in Amerika hervorrief. «Die Vorbereitung war ungeschickt, das Ergebnis ist peinlich»[99], hatte Strauß resümiert, und Kohl selbst gestand, daß er «gelitten habe wie selten zuvor».[100]

Nachdem 257 von 435 Abgeordneten des Repräsentantenhauses und 82 von 100 Senatoren den Besuch mißbilligten, mußte sich Kohl zwischen dem inneren und dem äußeren

Schaden entscheiden. Er nahm als Machtpolitiker den äußeren in Kauf, da der innere ihm hätte gefährlich werden können. Denn nicht nur das nationalkonservative Lager wollte endlich ein normaler Teil der westlichen Welt sein. Wenn ein so nachdenklicher und kluger Beobachter wie der verstorbene Staatsminister im Auswärtigen Amt, Alois Mertes, den inneramerikanischen politischen Druck als «Verirrung des menschlichen Geistes bezeichnete»[101] und Fritz Ullrich Fack den Amerikanern vorwarf, eine mächtige publizistische Maschinerie des Landes pflege die Verfolgung bis ins siebte Glied[102], dann kann man wohl nicht verlangen, der Kanzler hätte dem Sturm Trotz bieten müssen.

Aber hätte er es überhaupt gewollt, war ihm die erzwungene Versöhnung, die demonstrative Normalität den hohen Preis nicht wert? Kohl hat für die Schrecknisse des Dritten Reiches nicht selten angemessene und honorige Worte gefunden, doch auch er neigt zu jener Unschärfe, die die «Neue Zürcher Zeitung» damals etwas umständlich auf den Punkt brachte: «Im Streit um die Feier in Bitburg sind aus konservativen Kreisen Stimmen laut geworden, die man lieber so nicht gehört hätte, wie etwa jene des CDU-Politikers Dregger, der sich damit hervorzutun suchte, daß er noch bis zum Schluß an der Front in Schlesien die Reste des Hitlerreiches gegen die Rote Armee verteidigte. Dem Bundeskanzler kann kaum an einem Sukkurs von der Seite jener gelegen sein, die am liebsten die letzte Abwehr an der Ostfront von 1945 als in geistiger Kontinuität mit der NATO von heute stehend gewürdigt sehen möchten.»[103]

Heiner Geißler ist da viel präziser. Über die Diskussion, ob der Bundeskanzler am 50. Jahrestag der Landung der Alliierten in der Normandie teilnehmen sollte, findet sich in seinem Gesprächsbuch die Bemerkung: «Der Regierungssprecher

Vogel erklärte dazu wohl nicht sehr überlegt, daß doch niemand glauben könne, daß der Bundeskanzler an einem Gedenktag teilnehme, der an die Niederlagen deutscher Soldaten erinnerte. Wenn er gesagt hätte, der an den Tod vieler deutscher Soldaten erinnerte, wäre es tragbar gewesen, die Niederlage als solche war aber die erste notwendige Stufe zur Befreiung auch der Deutschen von der Diktatur.»[104] Helmut Kohl hat diese Klarheit manchmal vermieden im Interesse des Zusammenhalts der Partei und der Bewahrung der Mehrheit.

Helmut Kohls folgenschwerster Fehler ist das Mißmanagement der inneren Vereinigung. So geschickt, wie er die äußere Einigung betrieben hat, so glücklos war er bisher bei der Vollendung der inneren Einheit. Bitter rächt sich jetzt das Versprechen, in wenigen Jahren im Osten blühende Landschaften zu schaffen. Die Folgen werden nicht nur die Regierungsparteien bei den nächsten Wahlen zu spüren bekommen, sondern all jene, die auf Demokratie, Marktwirtschaft und Verwestlichung in den neuen Bundesländern gesetzt haben. 57 Prozent der Ostdeutschen halten heute den Sozialismus für eine gute Idee und nur 24 Prozent für eine verfehlte. Fast die Hälfte der Bevölkerung in den neuen Bundesländern sehnt sich heute nach einem dritten Weg zwischen Sozialismus und Marktwirtschaft, und nur ein Drittel der Bevölkerung hält die Demokratie noch für die beste Staats- und Regierungsform. Immer größer wird die Zahl derjenigen, die von den Parteien enttäuscht sind – im Osten bereits 61 Prozent –, und immer vernehmlicher wird der Ruf nach einem starken Mann, den sich im Osten 58 Prozent wünschen.[105]

Die tiefe Vertrauenskrise hat einen zweiten Kulturschock ausgelöst und emotionale Kräfte freigesetzt, die sich zu einer DDR-Nostalgie bündeln. Während die Westdeutschen durch viele demokratische Wahlkämpfe und manche gebrochenen

Wahlversprechen den politischen Botschaften distanzierter gegenüberstehen, haben die neuen Bundesbürger die Versprechungen Helmut Kohls geglaubt und sind jetzt tiefer verletzt als die zynischen Westdeutschen. Helmut Kohl konnte zwar die Volkskammerwahlen am 18. Mai 1990 aus einer fast aussichtslosen Situation heraus gewinnen, indem er alte Blockparteien und neuen demokratischen Aufbruch zu einer Allianz für die Einführung der DM verschmolz; die im Wahlkampf geweckten Erwartungen erwiesen sich jedoch als schwere Hypothek auf dem Einigungsprozeß.

Ausgangspunkt aller Schwierigkeiten ist die Wirtschafts- und Währungsunion, die sich in der konkreten Ausgestaltung als schwerer Fehler entpuppt hat. Nichts hat den wirtschaftlichen Zusammenbruch der alten DDR am Ende so beschleunigt wie die Währungsunion, mit der die DM in den Osten kam, um zu verhindern, daß die Menschen in den Westen strömten. Der von Helmut Kohl vorgegebene Umtauschkurs der «Stromgrößen» (Löhne und Gehälter) im Verhältnis 1 : 1 bzw. der «Bestandsgrößen» (Sparguthaben) im Verhältnis 1,8 : 1 bedeutete für die ostdeutsche Wirtschaft eine Aufwertung von 300 Prozent, einen Aufwertungssatz, den keine noch so robuste Volkswirtschaft verkraftet hätte. Zur Erinnerung: In der Wahlauseinandersetzung 1969 bekämpfte der damalige Finanzminister Franz Josef Strauß eine Aufwertung von 5 Prozent mit dem Argument, daß das dies die Deindustrialisierung Deutschlands bedeute. Der immer wieder herangezogene Zusammenbruch der Ostmärkte gehört zu den frommen Legenden einer mißlungenen Operation, denn auch ohne diesen Zusammenbruch wären die Produkte der alten DDR unter Hartwährungsbedingungen nicht mehr in den Ostblock verkauft worden. Auf DDR-Mark-Basis war der Wartburg in Ungarn wettbewerbsfähig, auf DM-Basis konnte er es nicht mehr sein. Für dieses Ergebnis ist es auch unerheblich, daß sich das zu Beginn des Einigungsprozesses auf 1000 Milliarden DM geschätzte Industrievermögen der DDR schon bald in Luft auflöste. Daß diese Form der wirtschaftlichen Vereinigung am Ende falsch und die Ursache sowohl des Zusammenbruchs im Osten mit hoher Arbeitslosigkeit wie auch der gewaltigen Transferleistungen aus dem Westen war, ist heute kaum noch strittig. Doch konnte Helmut Kohl dies wissen, gab es im Frühjahr 1990 Alternativen, und wenn ja, waren sie nicht bedacht worden?

Diejenigen, die damals im Umkreis des Kanzlers an den Entscheidungen beteiligt waren, können zu Recht auf den wirtschaftspolitischen Leichtsinn der deutschen Unternehmer verweisen. Keiner der Großen der deutschen Wirtschaft – so ein Kanzlerberater, der heute selbst in einer Vorstandsetage sitzt – habe die wirtschaftliche Katastrophe vorhergesehen. Alle hätten dem Kanzler versichert, daß es nur des neuen rechtlichen und sozialen Rahmens bedürfe, und die Kräfte der Marktwirtschaft würden die alten nicht mehr wettbewerbsfähigen Arbeitsplätze durch neue zukunftssichere ersetzen. Investitionen in Milliardenhöhe wurden leichtfertig versprochen und haben Helmut Kohl in seiner Linie bestärkt. Allerdings gab es den Bundesbankpräsidenten und den Zentralbankrat, die schriftlich und mündlich den Kanzler vor den Folgen einer überstürzten Währungsunion mit einem verhängnisvollen Wechselkurs gewarnt haben. Doch war diese Warnung des Bundesbankpräsidenten in der Rückschau wohl noch nachhaltiger als im Moment der Entscheidung. Immerhin findet sich im Abschlußbericht der Deutschen Bundesbank vom Oktober 1992 über die Währungsunion mit der Deutschen Demokratischen Republik der folgende Satz: «Das sich hieraus ergebende höhere Brutto-Lohnniveau hätte aber nicht 1 : 1 umgestellt werden können, weil damit die ohnehin geringe Wettbewerbsfähigkeit der DDR-Betriebe weiter erheblich geschwächt worden wäre. In einer von der Bundesregierung erbetenen Stellungnahme empfahl die Bundesbank daher, nach einer Preisentzerrung und kompensatorischen Anhebung der Einkommen, die beide vor der Währungsumstellung vorzunehmen gewesen wären, die Stromgrößen im Verhältnis 2 : 1 umzustellen. Von diesem weitgehend produktivitätsgerechten Anfangsniveau aus hätten dann nach der Umstellung weitere marktmäßige Anpassungen der Löhne und Gehälter und eine Entzerrung der zu stark nivellierten Lohnstruktur erfolgen können.» Am Ende war Pöhl nicht stark genug, Unmut und Zorn zu ertragen und das Amt aus Protest gegen einen von ihm für falsch gehaltenen Kurs zur Verfügung zu stellen. Da der oberste Währungshüter nicht stand, blieben die Versuche des damaligen DDR-Finanzministers Romberg und Lafontaines bloße Parteipolitik und konnte letzterer den Eindruck nicht beseitigen, ihm passe die ganze Richtung der deutschen Vereinigung nicht. Nur ein unbeugsamer Bundesbankpräsident hätte öffentlich eine andere Politik vertreten und ihr in der Auseinandersetzung mit leichtfertigen Versprechungen zur Beachtung durch den Kanzler verhelfen können.

Die Kritiker Helmut Kohls setzen zumeist an einem späteren Punkt an und werfen ihm vor, daß er nicht den Mut zu einer Blut-, Schweiß- und Tränenrede gehabt, sondern zuerst höhere Steuern für nicht notwendig erklärt habe, um sie dann mit anderen Begriffen (Abgaben) für andere Zwecke (Golfkrieg) doch noch zu fordern. Kritisiert wird das kleinkariert verstohlene, das ambivalente, das die Wähler nicht aufklärende Verhalten, wodurch das Vereinigungsopfer etwas Zweideutiges bekam. Hier wird gern übersehen, daß Helmut

Kohl eine Blut-, Schweiß- und Tränenrede nicht halten konnte, weil sie wie die Churchills nach dem 10. Mai 1940 die Konzentration aller politischen Kräfte, eine Regierung der nationalen Einheit vorausgesetzt, aber keinen demokratischen Kampf um die Macht erlaubt hätte. Kohl konnte Opfer nicht fordern, da er Wahlen gewinnen mußte und die SPD die Opfer mit den Fehlern in Verbindung gebracht hätte. Deshalb kann die Frage nicht lauten, warum Helmut Kohl nie eine solche Rede gehalten hat, sondern sie muß lauten, warum er die Wiedervereinigung des Landes, eine Jahrhundertaufgabe, allein und im demokratischen Streit vollbringen mußte.

Offensichtlich ist nie daran gedacht worden, den demokratischen Prozeß in der alten Bundesrepublik auszusetzen und mit einer nationalen Koalition aus allen im Bundestag vertretenen Parteien wirtschaftlich sinnvolle Entscheidungen durchzusetzen oder zumindest die notwendigen Opfer gemeinsam zu fordern. Der Einwand, daß die SPD und ihr Spitzenkandidat die Einheit nicht wollten, im Westen anders als im Osten argumentierten und folglich kein Partner für eine solche Politik zur Verfügung stand, trifft nicht ganz.

Horst Teltschik gibt in seinen Erinnerungen den Hinweis, daß Brandt sich an den Bundeskanzler mit dem Wunsch gewandt habe, im Prozeß der Vereinigung noch einmal «eine besondere Aufgabe zu übernehmen».[106] Wäre es so undenkbar gewesen, an die große Oppositionspartei das Angebot einer Zusammenarbeit in der Regierung zu richten, um dann nach einer Ablehnung die Opfer zu fordern, die die Lage erforderten? Ist es so falsch, zu vermuten, daß Helmut Kohl als Kanzler der Wiedervereinigung in die Geschichte eingehen wollte und daß er nicht die Absicht hatte, Ruhm und Erfolg zu teilen? Eine Machtteilung hätte Risiken mit sich gebracht, die gleichen Risiken, die die Kanzlerschaft Kiesingers beendeten. Doch hätte man diese Risiken nicht eingehen müssen aus staatspolitischer Verantwortung? Wieder einmal steht an einem entscheidenden Punkt von Kohls Karriere Staatsräson gegen Parteiräson, verstärkt durch den ganz persönlichen und durchaus verständlichen Wunsch des Kanzlers, allein etwas zu vollbringen, was die große Oppositionspartei als die Lebenslüge der deutschen Politik bezeichnet hatte und was sie mit der Ausnahme von Brandt eher duldend erlitt als aktiv gestaltete. Und dennoch hätte Kohl die Kräfte bündeln, Person und Partei zurückstellen müssen im Interesse des Ganzen. Daß er dies nicht tat, ja nicht einmal daran dachte, bleibt ein unverzeihlicher Fehler. Sollte die Bundestagswahl verlorengehen, dann hätte die Geschichte in einem dialektischen Sprung etwas vollbracht, was der Kanzler um jeden Preis vermeiden wollte, den Machtverlust. Machtteilung hätte möglicherweise Machterhalt bedeutet, weniger wäre vielleicht hier mehr gewesen.

Ein Fehler zieht oft andere nach sich. Da die wirtschaftliche Rechnung nicht aufgegangen ist, war es von Helmut Kohl konsequent, einen Ostdeutschen für das höchste Staatsamt vorzusehen, um die neuen Mitbürger in das neue Deutschland stärker einzubinden. Doch auch hier stand der Parteipolitiker dem Staatsmann im Wege. Helmut Kohl konnte nicht wissen, und dies ist ihm auch nicht vorzuwerfen, wie anfechtbar sein Kandidat sich präsentieren werde, doch Kohl konnte wissen, daß bessere, klügere, das bürgerliche Aufbegehren in der untergehenden DDR repräsentierende Kandidaten zur Verfügung standen. Heitmann war kein Mann des Widerstandes, er hat es auch nicht behauptet. Richard Schröder und Jens Reich sind Persönlichkeiten des Widerstandes, und der Kanzler hätte nicht nur staatspolitisch, sondern auch parteipolitisch triumphiert, wenn er rechtzeitig den Sozialdemokraten Richard Schröder als seinen Kandidaten ausgerufen hätte. Nicht der alte Trugschluß, ein Sozialdemokrat kündige den Machtwechsel an, was bei Heinemann bloßer Zufall war, da nicht er, sondern Schiller mit dem Aufwertungsthema den Machtwechsel herbeiführte, sondern eine neue Realität: der beste Mann für das höchste Amt. In schwieriger Zeit hätte Kohl nicht nur im Osten, sondern auch im Westen gewinnen können, denn die Ablehnung Heitmanns war nicht Ausfluß eines Kulturkampfes, sondern des Wunsches, die Verwestlichung Deutschlands beizubehalten und die Errungenschaften dieses Prozesses durch die Einbindung des Ostens zu bewahren. Auch Schröder und Reich wären unbequem gewesen und hätten ihre persönlichen Lebenserfahrungen in ein Amt für beide Teile Deutschlands eingebracht, doch sie hätten mit der Unabhängigkeit des Geistes und dem Mut des Widerstandes gegen Unrecht und Diktatur, der einzig bewahrenswerten Hinterlassenschaft der DDR, ebenjene Verwestlichung des Ostens eingeleitet, die auch Kohls Ziel ist. Daß er die darin liegende Chance nicht erkannt und politisch nicht genutzt hat, bleibt ein weiterer Fehler im schwierigen Prozeß der Vollendung der Einheit; auch dieser Fehler hat seine Wurzeln in Kohls Überhöhung der eigenen Partei, in seiner Unfähigkeit, moralische Macht als reale Macht zu begreifen und in seiner Überzeugung, daß Macht aus Abhängigkeit folgt und der Politiker um so mehr Macht auf sich vereinigt, je mehr Positionen er direkt oder indirekt zu vergeben hat. Daß das moralische, idealistische Beispiel politische Kraft in der Realität entfalten kann, ist dem Partei-, Kader- und Machtpolitiker Helmut Kohl ein fremder Gedanke. Wiederum ist es kein Trost, daß Bismarck und Disraeli nicht anders gedacht und gehandelt hätten.

Die neue Welt

Nach dem Zusammenbruch des Kommunismus in Osteuropa rief Francis Fukuyama, politischer Direktor des State Department, das Ende der Geschichte aus, und Präsident Bush verkündete nach dem Ende des Golfkrieges den Anbruch einer neuen Zeit – die neue Weltordnung. Selten ist eine Behauptung von der Wirklichkeit schneller widerlegt worden. Wir erleben heute nicht das Ende, sondern die Rückkehr jener Geschichte, die vierzig Jahre lang stillgestellt schien und nun mit um so größerer Wucht in die alte bipolare Ordnung einbricht.

Fukuyamas These, daß die liberale Gesellschaft und ihre Ordnung nach Erschöpfung aller Alternativen allein als ideologische Triebkraft in der Welt zurückgeblieben und damit die Geschichte auch an ein Ende der ideologischen Entwicklung der Menschheit gekommen sei, begegnete schon damals manch berechtigtem Einwand. Denn was Hegel angesichts der Französischen Revolution, danach Tocqueville bei Betrachtung der amerikanischen Demokratie und schließlich die «Whig Interpretation of History» im Viktorianischen England herausgefunden zu haben glaubten, war immer nur auf das westliche Modell bezogen. Andere Kulturen, das konfuzianisch-buddhistische China, das orthodoxe Rußland und die islamische Welt blieben ausgespart. George F. Kennan hat unlängst darauf hingewiesen, daß die Demokratie keine «natürliche Herrschaftsform sei, die sich praktisch von selbst durchsetze, daß sie vielmehr aufgrund historischer und kultureller Voraussetzungen – Protestantismus, Aufklärung und kapitalistische Wirtschaftsordnung – auf Nordamerika, West- und Mitteleuropa beschränkt blieb. Ob es gelingen werde, dieses Konzept in Lateinamerika, Teilen Asiens und Osteuropas dauerhaft zu stabilisieren, sei mehr als fraglich.»[107] Zu diesen kulturellen Voraussetzungen, die schon Max Weber als unabdingbar für das Entstehen einer liberalen Ordnung bezeichnet hat, kommen neue Sehnsüchte nach einer gerechten Ordnung, nach Erfüllung des menschlichen Transzendenzverlangens im Diesseits und die Erkenntnis, daß ungeschichtlicher Stillstand der menschlichen Natur nicht gemäß ist.

Nachdem sich die neue Weltordnung nicht materialisiert hat, knüpfen Völker und Staaten in ihrer Entwicklung dort wieder an, wo zuerst der nationalsozialistische Krieg und dann die kommunistische Unterdrückung die historische Kontinuität gewaltsam unterbrochen haben. Die Strukturen Zwischenkriegseuropas werden nach Verlaufen der totalitären Flut erneut sichtbar. Doch – und das ist die große Gefahr – gerade diese Zeit war gekennzeichnet durch äußerste Labilität, da im ersten Krieg die ordnende Kraft der großen Vielvölkerreiche zerstört wurde. Nach dem Zusammenbruch des Osmanischen Reiches, des Zarenreiches und der Doppelmonarchie entstanden in einem Raum ohne ethnische Homogenität schwache, multinationale Kleinstaaten, deren innere Labilität sie zur Anlehnung erst an Frankreich, später an Deutschland und Rußland zwang. Die neue Ordnung war krisenanfälliger als die alte, da die Grenzziehung durch die Vorortverträge keinem ordnenden Gedanken, sondern bloßem Siegerwillen folgte. Deshalb ist auch der Optimismus erstaunlich, der viele im Westen an ein demokratisches und stabiles Osteuropa glauben ließ, nachdem die kommunistische Unterdrückung abgeschüttelt war. Denn Osteuropa war nie eine kulturelle Einheit, noch weniger eine mit dem Westen verbundene Wertegemeinschaft. Der Spaltung zwischen

West- und Ostrom entsprach die Trennung zwischen römisch-katholisch und orthodox. Es gab Inseln des Westens in Osteuropa – Prag, Krakau, Budapest, Laibach –, die über das habsburgische Erbe mit Wien, Madrid und Brüssel verbunden waren, doch es gab nach der Zerschlagung der Doppelmonarchie weder Mitteleuropa noch Osteuropa im Sinne einer politischen und kulturellen Einheit. Mit den Worten von Wolf Jobst Siedler: «Man betrügt sich und andere, wenn man jetzt immer davon redet, daß man nur die Erbschaft des Kommunismus abschütteln müsse, um die osteuropäischen Länder für die westliche Zivilisation wiederzugewinnen, der gehörten sie um 1730 wie um 1830 und um 1930 niemals an. Die Walachei ist eben etwas anderes als die Toskana.»[108]

Der Bürgerkrieg in Jugoslawien hat uns die Richtigkeit dieser Analyse drastisch vor Augen geführt. «Zwischeneuropa» – so Hans Zehrers ideologisch aufgeladener Begriff – hat es nach dem Untergang der Donaumonarchie, zu der schon Serbien, Rumänien und Bulgarien nicht gehörten, nie gegeben. Um noch einmal Siedler zu zitieren: «Der Glaube, die Hoffnung, den die deutschen Romantiker immer gehabt haben, Osteuropa wieder in die Geschichte einzuführen, ist eine Illusion. Man führt sie zurück zu sich selber, das heißt ins Nichts.»[109] Auch nach dem Ende des Kommunismus in Osteuropa ist der Atlantik das Mittelmeer des 20. Jahrhunderts und seine Anlieger Teil einer Wertegemeinschaft, die nicht automatisch den Osten Europas umfaßt.

Die neue Welt wird noch unübersichtlicher, wenn man Rußland in die Betrachtung einbezieht. Denn Rußland ist nicht Europa und nicht Asien, Rußland ist ein eigener Kontinent mit einer über die Jahrhunderte von Europa getrennten Geschichte und einer kulturellen Identität, die durch das Fehlen von Renaissance, Reformation und Aufklärung charakterisiert wird und durch ihre Zugehörigkeit zum byzantischen Kulturkreis geprägt ist. Auch die Modernisierung Peters des Großen und der großen Katharina haben daran letztlich nichts ändern können, es war eine äußerliche, den Westen kopierende Modernisierung, die die Oberschicht, aber nicht das Volk erfaßte, die Rußland zwar militärisch und technisch in den westlichen Kulturkreis schob, aber nicht geistig und seelisch. Das furchtbare Verbrechen Peters an seinem Sohn bezeugt auf grausamste Weise den Unterschied zwischen äußerer und innerer Modernisierung. Rußland, so Paul Sethe in seiner kenntnisreichen «Russischen Geschichte»[110], hat nie die Folgen der mongolischen Fremdherrschaft überwinden können, die sich im Rückblick als die schwerste Heimsuchung des Landes erwies. Sie prägte dem russischen Wesen Züge ein, die es bis heute nicht wieder verloren hat. Die Einstellung zum Menschenleben, die Behandlung der Frau und der Gebrauch der Knute wurden zu Symbolen für eine seelische und geistige Verwüstung, die noch in Stalins Verbrechen widerhallt und die jene Trennungslinie zwischen der lateinischen und der kyrillischen Schrift zur kulturellen Wasserscheide werden ließ.

Erst seit kurzem sind die philosophischen Briefe Tschaadajews, eines Freundes Puschkins und Verehrers Schellings, wieder zugänglich, die, zwischen 1828 und 1831 verfaßt, das Leiden des gebildeten Russen an diesem mongolischen Erbe widerspiegeln. Nach der Veröffentlichung des ersten Briefes erhielt der Autor Publikationsverbot, wurde in die Verbannung geschickt und offiziell für verrückt erklärt. Tschaadajew beschreibt Rußland als kulturelle Wüste, als ein Land ohne Tradition, ohne geschichtlichen Sinn: «Vereinsamt in der Welt haben wir ihr nichts gegeben, haben sie nichts gelehrt;

wir haben keine einzige Idee zur Gesamtheit der menschlichen Ideen beigetragen; wir haben nichts zum Fortschritt des menschlichen Geistes beigesteuert, und alles, was von diesem Fortschritt zu uns kam, haben wir entstellt. Seitdem wir als Volk existieren, ist nichts von uns ausgegangen, das dem Wohl der Menschheit hätte dienen können. Kein einziger brauchbarer Gedanke erwuchs auf dem unfruchtbaren Boden unseres Vaterlandes; keine große Wahrheit hat sich aus unserer Mitte erhoben; wir haben uns nicht die Mühe gemacht, eigene Vorstellungen zu entwickeln, und von dem, was die anderen hervorbrachten, haben wir nur den trügerischen Glanz und den unnützen Tand übernommen.»[111]

In der «Apologie eines Wahnsinnigen» hat Tschaadajew ein Jahr später die Teilung zwischen West und Ost, zwischen Europa und Rußland weniger bitter, dafür um so eindringlicher beschrieben: «Die Welt zerfiel seit je in zwei Teile: in den Osten und den Westen. Das ist durchaus nicht eine bloß geographische Teilung, sondern eine Ordnung der Dinge, die sich aus dem Wesen der denkenden Menschen von selbst ergibt: zwei Prinzipien, die den beiden dynamischen Kräften der Natur entsprechen, die die gesamte Lebensordnung des Menschengeschlechtes umfassen. In Konzentration, Sammlung, Selbsteinschließung vollzog sich die Entwicklung des menschlichen Geistes im Osten; in Expansion, Ausstrahlung nach jeder Richtung hin, Kampf mit allen äußeren Hindernissen entwickelte er sich im Westen... Im Osten hat das zurückgezogene, ruhende, verborgene Denken die Gewalt zum Herrn aller Güter der Erde werden lassen; im Westen hat die überall sich widerspiegelnde, alle Menschheitsbedürfnisse umfassende, alle Arten von Glück anstrebende Idee die Macht auf das Prinzip des Rechts gegründet.»[112] Noch kurz vor Ausbruch des Ersten Weltkrieges haben die liberalen Intellektuellen der Vechi die Richtigkeit dieser Analyse bestätigt.[113] Folgt man der Geschichte, so erscheint es unwahrscheinlich, daß Rußland zum liberal-demokratischen Staat westlicher Prägung wird und damit zu einer Macht unter anderen.

Rußland war nie ein klassischer Nationalstaat, sondern immer Imperium, gebildet aus slawischen und nichtslawischen Völkern, zusammengehalten durch Orthodoxie und Zarentum. Weder die Ukraine noch Weißrußland haben – sieht man einmal von der kurzen Selbständigkeit am Ende des Ersten Weltkrieges ab – eine eigene historische Identität entwikkeln können. Zwar führte die Erschlaffung des Waräger-Reiches, der Sieg der Mongolen über Kiew und das Vordringen der Litauer an den Dnjepr zu einer fünfhundertjährigen Trennung von Großrussen und Kleinrussen, doch konnten letztere als Teil des litauischen Reiches keine eigenständige kulturelle und staatliche Form bewahren. Das Wort Ukraine heißt Grenze – Grenze gegen die Macht der Tataren. Kiew wie Minsk gehörten zu den altrussischen Fürstentümern, die den Ausgangspunkt für die Sammlung russischer Erde durch Iwan III. bildeten. Kiew war die Stadt Olegs und Wladimirs, der Rjurik-Erben und Begründer des Waräger-Reiches. Von Kiew ging die Staatsbildung Rußlands wie die Übernahme der Orthodoxie aus, hier schlug das Herz Rußlands lange, bevor Moskau oder Sankt Petersburg in die Geschichte eintraten. Vergleichbar ist der Verlust Kiews einer Abtrennung Aachens, Frankfurts oder Magdeburgs von Deutschland. So hat auch die neue Ordnung etwas Künstliches, was sich nicht nur in den Auseinandersetzungen um Schwarzmeer-Flotte und Krim ausdrückt. Mag die Zukunft des «asiatischen Hängebauches» im Spannungsfeld zwischen Rußland, Persien und der Türkei offen sein, die Wiedereingliederung der Kleinrussen und Ukrainer in den russischen Staatsverband wird immer das Ziel russischer Außenpolitik bleiben.

Von Bismarck stammt die Einsicht, daß man die Russen nie wirklich besiegen könne: «Selbst der günstigste Ausgang eines Krieges würde niemals die Zersetzung der Hauptmacht Rußlands zur Folge haben, welche auf den Millionen eigentlicher Russen griechischer Konfession beruht. Diese würden, auch wenn durch Verträge getrennt, immer sich ebenso schnell wieder zusammenfinden wie die Teile eines zerschnittenen Quecksilberkörpers.»[114] Allein die baltischen Staaten könnten genügend Stabilität gewinnen, um trotz russischer Bevölkerungsanteile in einer halbsouveränen Position zu überleben. Allerdings bleibt auch hier der historische Drang Rußlands zur Ostsee eine schwere Hypothek. Die Neuordnung der ost- und südosteuropäischen Welt wie des russischen Raumes wird sich nicht allein nach den Regeln des Selbstbestimmungsrechts vollziehen. Viele der Völkerschaften, die heute um ihre ethnische Identität kämpfen, sind geschichtlich niemals Nationen gewesen und werden es auch in absehbarer Zeit nicht werden. Das Selbstbestimmungsrecht hat als Recht auf den eigenen Staat seine Beschränkung immer in der Fähigkeit zur Eigenstaatlichkeit gefunden. Die internationale Gemeinschaft ist nicht verpflichtet, Staatsbildungen von Völkern zu subventionieren, die dazu aus eigener Kraft nicht in der Lage sind. Das immer wieder zu hörende Argument, daß Luxemburg danach niemals hätte Staat werden dürfen, verkennt, daß ein Staat auch von anderen Staaten geschaffen werden kann, wenn ein Staatsvolk zur Verfügung steht und die Nachbarn den neuen völkerrechtlichen Zustand garantieren. Doch gerade daran fehlt es auf dem Gebiet der ehemaligen Sowjetunion, da Rußland auf Dauer nicht bereit sein wird, trennende Grenzen zwischen Russen hinzunehmen. In den vergangenen Monaten hat die russische Regierung immer von neuem deutlich gemacht, daß sie den heutigen Zustand weder als wünschenswert noch als dauerhaft betrachtet.

Für die Beziehungen zu den Ländern Osteuropas, die kein sowjetisches Territorium waren, gilt noch immer Falins Denkschrift aus dem Jahre 1991. Über die an die damalige Sowjetunion angrenzenden osteuropäischen Staaten heißt es darin: «Diese Region muß wegen ihrer Nähe zu uns in geopolitischer, historisch-politischer und ethnisch-kultureller Hinsicht eine der wichtigsten Prioritäten der sowjetischen Politik bleiben... Wie sich die Ereignisse in den Ländern der Region auch entwickeln mögen – sie müssen von ausländischen Stützpunkten und Streitkräften frei bleiben.»[115] Rußland wird deshalb auch künftig den NATO-Beitritt dieser Staaten sowie Sicherheitsgarantien für sie als unfreundlichen Akt betrachten und den Versuch unternehmen, durch die Stationierung eigener Truppen in den ehemals zur Sowjetunion gehörenden Ländern solche Entwicklungen auch machtpolitisch zu beeinflussen. Das Zögern der russischen Truppen, Estland und Lettland zu verlassen, deutet dies an. Nachdem in einem Anfall von Schwäche der Wille der Großmacht Rußland gebrochen schien, kehrt die offizielle Politik auch unter dem Eindruck der Stimmung im Lande zur traditionellen Großmachtpolitik zurück. Der Westen wird diese Haltung künftig zu berücksichtigen haben, wenn er nicht in eine neue Konfrontation zu Rußland geraten will. Nicht die schnelle und einseitige Erweiterung der NATO nach Osten oder gar eine deutsch-russische Sonderbeziehung, sondern allein vertragliche Vereinbarungen eines starken Westens mit Rußland zur Absicherung der polnischen, tschechischen und ungarischen Souveränität können diesen Ländern psychologische wie tatsächliche Sicherheit bieten.

Wie auf dem Gebiet des Äußeren, so sind auch im Innern der vergrößerten Bundesrepublik die Gefahren größer als die Mittel zu ihrer Bändigung. Für die Westdeutschen gleicht die Wiedervereinigung der Vertreibung aus dem Paradies, und sie sind wie Edith Whartons New Yorker Aristokraten damit beschäftigt, sich gegen alles abzuschirmen, was «unpleasant» ist. Hohe finanzielle Transferleistungen sind nicht ohne Auswirkung auf die Lebensqualität der westdeutschen Bevölkerung geblieben. Sie treffen in Form von erhöhten Abgaben, Gebühren und Steuern jeden einzelnen direkt und schlagen als vermindertes Leistungsangebot der Gemeinden indirekt zu Buche. Da die Westdeutschen die mitteldeutsche Kulturlandschaft nicht wirklich vermißt haben, ist der Ausgleich nur ein gesamtnational-ideeller, der vom einzelnen kaum wahrgenommen wird. Dazu kommen das plötzliche Aufbrechen längst vergangen geglaubter Atavismen, die dem neuen Osten angelastet werden, auch wenn sie sich in Mölln oder Solingen ereignet haben. Konsensdemokratie und Zivilität erscheinen gefährdet, und die Aufforderung, nun müßten die Deutschen national wie international größere Verantwortung übernehmen, erschreckt eher, als daß sie Verantwortungsbewußtsein freisetzt. Die Beschwörung des Existentiellen und einer neuen Härte, die geistige Wiederkehr Carl Schmitts, die Forderung nach nationaler Rückbesinnung und die Zurückdrängung von sozialer Gerechtigkeit zugunsten von Effizienz und Kostenmanagement haben die Westdeutschen weiter verunsichert. Statt Wohlstandsmehrung drohen Wohlstandsverlust und Arbeitslosigkeit, zumindest aber eine den individuellen Lebensstandard berührende gerechtere Verteilung der vorhandenen Arbeit.

Die neuen Unsicherheiten wie die neuen Aufgaben treffen auf eine Zeit, in der die Glaubwürdigkeit der Politik gegen Null tendiert. Die politischen Parteien sind in den letzten Jahren in alle gesellschaftlichen Bereiche eingedrungen, haben neue Aufgaben auf sich und den Staat gezogen und sind doch zu Problemlösungen immer weniger imstande. Das Politische hat sich nicht nur in eine neue Betroffenheit verflüchtigt, es leidet auch zunehmend an der Überforderung staatlicher Gestaltungsmöglichkeiten und den Defiziten des politischen Apparates. In der Zusammensetzung unserer politischen Klasse haben sich Veränderungen vollzogen, die an die Substanz ihrer gesellschaftlichen Legitimation rühren. Die Funktionselite zeigt Anzeichen der Verbonzung und wird folglich von den Wählern nicht mehr als repräsentativ angesehen. Die Forderung nach der Einführung von Elementen direkter Demokratie in die repräsentative Verfassung ist die Folge eines Ungenügens der politischen Klasse, das nicht auf die Folgen der Wiedervereinigung beschränkt ist. Die Parteien sind immer stärker zu Versorgungsunternehmen für Berufspolitiker geworden, deren wirtschaftliche Existenz am Mandat hängt und die sich gegen Außenseiter und Eindringlinge zur Wehr setzen, da sie in ihnen wirtschaftliche Konkurrenten sehen. Unser politisches Leben leidet an einem Mangel an Persönlichkeiten.

Über das nichtreformierte, nichtdemokratische britische Parlament des 18. Jahrhunderts urteilt der Schweizer Historiker Erich Eyck in seiner Biographie der beiden großen Parlamentarier Pitt und Fox: «War das Parlament auch keine Vertretung der breiten Massen des Volkes, so war es doch die Tribüne des freien Wortes und des freien Kampfes der Geister. Mag es auch vor einer abstrakten Theorie nicht bestehen, so hat es doch die Funktion erfüllt, die Großbritannien zu diesem bestimmten Zeitpunkt und in dieser bestimmten Lage brauchte.»[116] Der Bundestag besteht zwar vor der demokratischen Theorie, ist aber nicht mehr in der Lage, in hören- und sehenswerter Debatte auf die neuen Herausforderungen zu reagieren. Dieser Verlust an demokratischer Legitimation der Politik geht einher mit einem Verlust an Zustimmung zur offenen Gesellschaft. Nachdem der totalitäre Gegner besiegt ist, wendet sich der Blick wieder den ungelösten Problemen der liberalen Gesellschaft zu. Mit den Worten von Irving Kristol: «Wir mögen den Kalten Krieg gewonnen haben – aber das bedeutet, daß jetzt wir selber nun der Feind sind und nicht die anderen.»[117]

Entfremdung, industrielle Dynamik, Veränderungsbeschleunigung und die wachsende Angst, nicht genügend Arbeit zur Verfügung stellen und damit die sozialen Ansprüche nicht befriedigen zu können, wirken als Fliehkräfte einer Gesellschaft, der nach dem Gegner die innere Spannung abhanden zu kommen droht. Zugleich gerät der Konsens über die Grenzen staatlichen Handelns ins Wanken. Während der Staat auf der einen Seite regelnd und umverteilend in immer neue Lebensbereiche eindringt und sie der politischen Ordnung einverleibt, gelingt es ihm immer weniger, in den Kernbereichen der inneren und äußeren Sicherheit seine Aufgaben zu erfüllen. Während die Zustimmung zur offenen Gesellschaft abnimmt, gewinnt die utopische Sehnsucht nach einer Verbindung von Demokratie und Sozialismus und das weniger utopische Verlangen nach dem Wirken des starken Mannes an Boden.

Schon beginnt das Bewußtsein für die Grundlagen von Freiheit wie für ihre Gefährdungen zu schwinden, gerät das Gleichgewicht zwischen Einheit und Vielfalt, zwischen Emanzipation und rationaler Disziplinierung, zwischen Gemeinwohl und Eigennutz, das sich in der Gesellschaft der alten Bundesrepublik immer wieder unter dem Druck der Notwendigkeiten von außen hergestellt hat, aus dem Lot. Ernst-Wolfgang Böckenförde hat diesen seit der Antike immer wieder zu beobachtenden zyklischen Prozeß auf die Formel gebracht, daß die freien Gesellschaften die Voraussetzungen nicht erzeugen können, die ihre Existenz gewährleisten, ja man könne sogar sagen, sie bauten sie unablässig ab.[118] Was im Bereich des Symbolischen unumkehrbar erscheint, greift nun auf den Bereich des Existentiellen über, ohne daß über die Mittel, dieser Gefährdung zu begegnen, Konsens bestünde.

Heiner Geißler möchte die Politik stärker an die Grundwerte Freiheit, Gleichheit und soziale Gerechtigkeit binden, Wolfgang Schäuble sucht die Idee der politischen Einheit im Nationalen, da er dem demokratischen Individualismus die Bewältigung der aus der Überdehnung der Freiheit und dem Abbau von Normen und Verbindlichkeiten entstandenen gesellschaftlichen Krisen nicht zutraut. Geißler sieht die Gefahr im Konformitäts- und Gruppendruck der entfremdeten und anonymen Massen, die sich in den nationalen Mythos flüchten, Schäuble sieht die Gefahr in der gesellschaftlichen Desintegration durch den Gruppenpluralismus, die Schwierigkeit von Mehrheits- und Konsensbildung angesichts wachsender Verteilungskonflikte.

Die Parteien der größer gewordenen Republik werden künftig die Auseinandersetzung entlang dieser Frontlinie führen und sich dabei im Rahmen jenes Spannungsbogens westeuropäischen Denkens bewegen müssen, der auch für die alte Bundesrepublik charakteristisch war. Denn die Wiedervereinigung hat den historischen Bruch von 1945 nicht korrigiert, eine Wiederanknüpfung an das Bismarck-Deutschland ist weder gesellschaftlich noch territorial möglich. Die Oder ist heute nicht mehr die Achse, sondern die Grenze Deutschlands, und der geistige Schwerpunkt des neuen Staates liegt auch nach der Hauptstadtentscheidung im Westen. Ottonisches und römisches Deutschland sind wiedervereint, das alte slawische Preußen ist – von Brandenburg abgesehen – endgültig verloren.

Die hier und da vorsichtig formulierte Kritik an der Verwestlichung Deutschlands, die besonders auf die destruktiven Tendenzen eines hemmungslosen Individualismus verweist und die westliche Kultur vor ihrer Selbstzerstörung warnt, muß als kritischer Einwand gegen die Gesamtverfassung des Westens einschließlich Deutschlands ernstgenommen werden, sie darf jedoch nicht Vorwand für einen «dritten Weg», einen neuen Sonderweg und die erneute Verwerfung des Erbes der «atlantischen Revolutionen» sein. Denn erst die Annahme dieses Erbes nach 1945 hat uns dazu befähigt, einen Weg aus der eigenen nationalen Katastrophe zu finden, in die uns die «Ideen von 1914» gestürzt haben.

Auch wer nicht davon überzeugt ist, daß die gesellschaftlichen und sozialen Krisen eines freiheitlichen Systems allein durch «radikale Aufklärung» analysiert und gemeistert werden können, findet im westlichen Gleichgewichtsdenken ausreichend Hilfe, sich der Herausforderung des Kulturzerfalls durch die Entfesselung der Produktivkräfte und der ethischen Problematik einer konsumorientierten Leistungsgesellschaft zu stellen. Dazu bedarf es nicht der Wiedergängerei der «Konservativen Revolution». Über den Umgang mit einer immer gefährdeten Freiheit und gesellschaftlichen Zersetzungsprozessen haben uns Locke, Burke, Kant und Tocqueville mehr gelehrt als die Mystiker einer rassisch getönten Volksgemeinschaft. Nichts wäre den deutschen Dingen schädlicher als die Rückkehr in den geistigen Morast des Wilhelminismus und der Weimarer Republik.

Quo vadis, Germania?

Als Bismarck 1890 zurücktrat, veröffentlichte der «Punch» jene berühmte Karikatur, die Bismarck als Lotsen zeigt, der das Schiff verläßt, ohne daß der amüsiert zuschauende Kaiser die Gefahren des Steuerns durch Untiefen begriffen hätte. Wäre Helmut Kohl nach der letzten Bundestagswahl aus eigenem Entschluß den Weg Bismarcks gegangen, hätte wohl niemand die «Punch»-Karikatur zitiert, denn anders als Bismarck hätte Kohl die Kommandobrücke eines Schiffes verlassen, dessen Kurs sicher und berechenbar war. Die deutsche Einigung vollzog sich ohne Kriege im Einvernehmen mit den westlichen Verbündeten wie mit der Sowjetunion. Mochte der Einigungsprozeß auch alte und neue Ängste hervorgetrieben haben – sein Abschluß vermittelte niemandem das Gefühl einer neuen deutschen Gefahr, denn die größere Bundesrepublik blieb eingebunden in die NATO und hatte sich in Maastricht auf die Europäische Union und damit auf das Fernziel eines europäischen Bundesstaates festgelegt, sobald die Partner bereit wären, diesen Weg mitzugehen. Würde Helmut Kohl die Bundestagswahl 1994 verlieren, könnte das Lotsenmotiv wiederkehren, denn inzwischen sind Zweifel erlaubt an der deutschen Fähigkeit, außenpolitische Interessen emotionslos zu analysieren und mit Nachdruck zu verfolgen.

Die Fehlleistungen sind beeindruckend: Zuerst fordert der des nationalen Größenwahns unverdächtige deutsche Außenminister für Deutschland einen ständigen Sitz im Weltsicherheitsrat, obwohl die Bundesrepublik aus hausgemachten verfassungspolitischen Gründen die militärischen Verpflichtungen der UN-Charta derzeit nicht akzeptieren kann. Man stelle sich eine Abstimmung vor, bei der mit der

Stimme Deutschlands ein militärisches Vorgehen beschlossen wird, woraufhin die damit beauftragten NATO-Einheiten den Auszug des deutschen Verbündeten erleben müssen. Unzeitgemäßer und unsinniger hätte eine Forderung nicht sein können. Nur wenig später fordert der deutsche Verteidigungsminister die Ausdehnung der NATO auf Osteuropa einschließlich der Ukraine. Wir erinnern uns: Die Einbeziehung der früheren DDR in die NATO war der entscheidende Durchbruch bei den deutsch-sowjetischen Verhandlungen und der Schlüssel zur Wiedervereinigung. Für die Russen war es eine Conditio sine qua non, daß der neue Zustand nicht weiter als bis zur Oder-Neiße-Grenze reicht, damit das militärische Gleichgewicht nicht weiter zu ihren Ungunsten verschoben wird. Nun mag sich die Situation in Osteuropa geändert haben, mögen die Ängste gewachsen sein – ein deutscher Verteidigungsminister durfte diese Forderung zu Lasten eines Vertragspartners der deutschen Einheit nicht stellen.

Bedenklich stimmt auch die Nonchalance, mit der Verpflichtungen ausgelobt werden, die von der öffentlichen Meinung des Landes weder begriffen noch im Ernstfall honoriert werden würden. Die psychologischen Schwierigkeiten bei der Verlegung einiger Flugzeuge in das NATO-Land Türkei während des Golfkrieges waren ein Vorgeschmack auf die Probleme, die auf uns zukämen, wären deutsche Soldaten gezwungen, an der Seite Polens gegen die Ukraine oder an der Seite Litauens gegen Rußland zu stehen, ganz abgesehen von der aus den Pariser Vorortverträgen herrührenden Minderheitenproblematik, die fast alle osteuropäischen Staaten mit einer Hypothek belastet, die kein NATO-Mitglied übernehmen wird. Bismarcks Diktum: Der Balkan ist nicht die Knochen eines pommerschen Grenadiers wert, gehört heute, wie die Jugoslawienpolitik Englands und

Frankreichs beweist, zur Staatsräson beider Länder wie auch anderer westlicher NATO-Staaten.

Die dritte außenpolitische Fehlleistung war die innenpolitisch motivierte Absage des bayerischen Ministerpräsidenten an Maastricht und die Europäische Union. Nur drei Jahre nach der deutschen Einigung, die zumindest von seiten Frankreichs nur unter der Bedingung der Einbeziehung des größeren Deutschlands in die Europäische Union akzeptiert worden war, stellte hier ein führender deutscher Politiker die Vertragsgrundlagen ebendieser Einigung in Frage. Was fest gegründet und durch Verträge besiegelt schien, wird zur Disposition gestellt, ein weiteres Beispiel für die Wankelmütigkeit und irrlichternde Unsicherheit deutscher Außenpolitik.

Nicht nur von Stoiber wird den Deutschen die aufgeklärte Verfolgung ihrer nationalen Interessen angeraten und ihr «Urlaub von der Weltgeschichte für beendet erklärt».[119] Dabei wird fast nie eine Definition dieser Interessen versucht, sondern Verantwortung eingefordert und das Ende jener Flucht aus der Weltpolitik in den Märchenwald verlangt, «wo uns keiner mehr findet außer der guten Fee, die meldet, daß der Weltfriede ausgebrochen ist».[120] Doch Bohrers ironische Zustandsbeschreibung der deutschen Politik im Golfkrieg war immer nur die halbe Wahrheit, denn weder die Westbindung noch die Wiederaufrüstung, weder die Ostpolitik noch die Nachrüstung waren Entscheidungen im Märchenwald zur Möblierung weltgeschichtlicher Nischen. Die Kritiker und «Interessenwahrer» wollen mehr, sie wollen eine neue deutsche Außenpolitik, die an Stresemann wie an die außenpolitischen Vorstellungen der Opposition gegen Hitler und nicht an Adenauer anknüpft. Die Abkehr von Westeuropa soll Deutschland jene Freiheit zurückgeben, die es nach Meinung linker wie rechter Nationalisten noch nicht hat, «da es noch immer nicht souverän nein sagen kann zur gängigen internationalen Politik der Ausbeutung und Zerstörung», wie es Alfred Mechtersheimer in seinem neuesten Buch «Friedensmacht Deutschland»[121] formuliert.

Etwas differenzierter fordern auch die eher rechten Maastricht-Gegner eine Politik der nationalen Interessenwahrung unter Hinweis auf das Wort Bismarcks: «Ich habe das Wort Europa immer im Munde derjenigen Politiker gefunden, die von anderen Mächten etwas verlangten, was sie im eigenen Namen nicht zu fordern wagten.»[122] Dabei wird übersehen, daß das neue Deutschland sehr wohl Interessenpolitik betreibt, gleichgültig, ob man mit dieser Definition von Interesse konform geht oder nicht. Die Anerkennung Kroatiens und Bosniens haben unsere europäischen Verbündeten nicht gewollt und halten sie nach wie vor für verhängnisvoll. Sie geben ihr die Schuld an der bosnischen Katastrophe, da diese Anerkennung einerseits das serbisch dominierte Jugoslawien völkerrechtlich beendete, andererseits niemand bereit war, Kroaten und Bosnier vor einem großserbischen Eroberungskrieg zu schützen.

Auch die deutsche Hochzinspolitik zur Finanzierung des Aufbaus in den neuen Ländern war ausschließlich national motiviert. Margaret Thatchers Kommentar dazu: «Wir alle mußten mit erhöhter Arbeitslosigkeit und Rezession für diese Politik bezahlen.»[123] Doch gerade diese Beispiele belegen die Notwendigkeit einer nüchternen, allerdings auch ins Grundsätzliche gehenden Analyse, die sich nicht in Leerformeln verliert wie der von einem neuen Deutschland, das «nicht mit mehr Macht, sondern mit mehr Verantwortung»[124] ausgestattet sei.

Die deutsche Vereinigung hat uns in Europa wieder in jene halbhegemoniale Stellung versetzt, die schon das Problem des ersten Reiches war. Sie hat außerdem jene Befürchtungen wieder wach werden lassen, die mit den Taten Hitlers nur unzureichend beschrieben werden. Sicher ist Auschwitz der furchtbarste Ausdruck jener «incertitudes allemandes», die die Nachbarn Deutschlands immer wieder mit einem zwischen Furcht und Besorgnis schwankenden Gefühl der Unsicherheit nach Deutschland blicken läßt. Deshalb gibt uns auch die neue, uneingeschränkte Souveränität nicht die Möglichkeit, «aus dem Schatten von Auschwitz zu treten, da man nicht aus einem Schatten treten kann, den man selber wirft».[125]

Doch die psychologische Problematik deutscher Politik liegt tiefer. Schon der Bismarckschen Reichsgründung fehlte die Dimension der menschheitlichen Begründung. Jede Großmacht braucht eine Rechtfertigung, um Anerkennung und nicht bloße Furcht zu wecken. Bismarcks Werk hatte wohl das Recht historischen Geschehens, aber keine Rechtfertigung im Zeichen einer Idee für sich. «Das neue Reich appellierte nicht wie Frankreich und England an die Phantasie der Völker, an ihre Zukunftserwartung, ihren Menschheitsglauben. Es diente keinem werbenden Gedanken. Es stand für nichts, was über die bloße Staatlichkeit hinauswies. Deutscher-Sein enthielt kein Bekenntnis wie Engländer- oder Franzose-Sein; es besagte keinen Dienst an übernationalen Idealen, wie es durch das christliche Königtum Frankreichs, dessen Zivilisationsidee die große Revolution später in verwandelter Form übernahm, und den Puritanismus repräsentiert wurden.»[126] Es war so falsch nicht, wenn Ernest Renan nach dem Deutsch-Französischen Krieg an David Friedrich Strauß schrieb: «Manche Völker hätten ehedem Siege errungen und Imperien gegründet: Spanier, Franzosen, Briten. Jedesmal habe der politischen Herrschaft eine Ausstrahlung des Geistes entsprochen; der Welt, den Besiegten selbst hätten die Sieger etwas geboten durch ihre ordnende Kraft, ihren Glauben, ihre Kunst, ihren Stil. Dies sei nun das Erschrekkende an dem deutschen Sieg: Neu-Deutschland zeige nur Macht, blanke, wirksame, schneidende Macht, ohne jede frohe Botschaft. Sein Triumph sei ein materieller und nichts weiter, und solche Triumphe brächten keinen Segen.»[127]

Die bürgerliche Gesellschaft des neuen Deutschen Reiches blieb eine «Gesellschaft ohne Selbstbewußtsein»[128], in der die Staatsvergottung an die Stelle dessen trat, was die Amerikaner «Zivilreligion» nennen. Der nationale Stolz, die Selbstgewißheit waren gebrechlicher als in England oder Frankreich. Verglichen mit dem Selbstbild eines Engländers hatte ein Deutscher nur ein unbestimmtes Bild von seinem Land und seinen nationalen Merkmalen. Es gab keinen «way of life», der auf natürlich-gelassene Art bestimmte, was deutsch war. Die Identifikation fand über keine gemeinsame Weltanschauung, sondern über industrielle und soziale Errungenschaften statt. Das deutsche Selbstbild war im Alltagsleben mit keinem Verhaltenskanon verknüpft, es wurde an Fest- und Feiertagen wie in Krisenzeiten programmatisch entworfen und war damit auf ideologische Krücken angewiesen. Es orientierte sich am romantischen Ideal, nicht an der Wirklichkeit, und dieses Ideal war eine Mischung aus Germanentum und geistigem Griechentum[129], aus Hermann dem Cherusker und «machtgeschützter Innerlichkeit». Die Deutschen gewannen ihr Identitätsgefühl, indem sie sich gegen Feinde von außen abgrenzten, ein aggressiver Nationalismus war deshalb als gesellschaftliches Bindemittel wichtiger als in den alten Nationalstaaten Westeuropas.[130]

Unsere Nachbarn fürchten diesen Nationalismus stärker als den englischen oder französischen, denn England und

Frankreich haben in diesem Jahrhundert niemals als Angreifer auf fremdem Boden gestanden – im Gegenteil, sie haben – England stärker, Frankreich schwächer – unsere europäischen Nachbarn von deutscher Macht erlöst. Ihr Nationalismus wird deshalb auch nicht als Bedrohung empfunden; sie können sich leisten, was wir uns nicht leisten dürfen: eine nationalstaatliche Interessenpolitik ohne Blick für die Befindlichkeiten der engeren und weiteren Nachbarn.

Die deutsche Politik steht heute an einem Kreuzweg, von dem aus unterschiedliche Richtungen zu unterschiedlichen Zielen führen. Das eine Ziel ist die Handlungsfähigkeit des deutschen Nationalstaates, das andere die westeuropäische Gemeinsamkeit zu weltpolitischer Gestaltung. Deutschland kann den aus dem Osten nach Westen vordringenden Tendenzen zur Renationalisierung der Außenpolitik nachgeben und die Europäische Gemeinschaft in eine Freihandelszone zurückverwandeln. Damit trennt es sich von Frankreich und – längerfristig – auch von England und wird frei für den Versuch, eine mitteleuropäische Hegemonialposition zu gewinnen, wie sie Mechtersheimer aus dem «mitteleuropäischen Kulturauftrag» Deutschlands abzuleiten versucht.[131] Deutschland kann die deutschsprachigen Länder Schweiz, Österreich, das flämische Belgien, aber auch Slowenien, Kroatien und Ungarn um sich scharen und jenen Block der Mitte bilden, den es seit dem Untergang Österreich-Ungarns nicht mehr gegeben hat.[132] Es kann eine neue Mittellage behaupten und damit in jene Dichotomie zurückfallen, die Paul Sethe mit dem Satz charakterisiert hat, «daß zwischen dem Bewußtsein, der geistigen Welt des Westens anzugehören, und der geographischen Lage Deutschlands ein Spannungsverhältnis besteht, das nie ganz aufzulösen ist».[133] Adenauers

Fehler lag für ihn in dem Glauben, «die geographische Lage Deutschlands gleichsam von der Karte wischen zu können. Die alte Aufgabe Deutschlands, Mittler zwischen Ost und West, wurde verleugnet. Das Bekenntnis zu ihr wurde als Neutralismus, als eine Art politischer Unzucht verfemt. Dabei war das wesentliche Ziel deutscher Außenpolitik, die Einheit des Volkes, nur zu erreichen, wenn man diese Aufgabe bejahte.»[134] Helmut Kohl hat diese Prämisse zerstört und damit die sogenannte Mittellage des Landes beseitigt.

Das wiedervereinigte Deutschland ist heute politisch und geographisch Teil des Westens und muß nicht mehr zwischen Einheit und Westbindung wählen. Neutralität wäre nicht mehr Mittel zum Zweck der Überwindung der deutschen Teilung, sondern Ausgangspunkt für die Rückkehr zur mißlungenen Weltmachtpolitik Wilhelms II. und damit Anlaß zu Mißtrauen gegenüber den deutschen Zielen in Europa. Deutschland hat in zwei Weltkriegen den Versuch unternommen, aus seiner halbhegemonialen Stellung auszubrechen und die Hegemonialmacht des Kontinents zu werden. Bei einem dritten Versuch würden sich alle Nachbarn Deutschlands, soweit sie nicht selbst Teil eines wirtschaftlich von Deutschland dominierten Hegemonialblocks wären, gegen die neue Macht im Herzen des Kontinents zusammenschließen. Die von Kohl verhinderte englisch-französische Entente würde neu erstehen und den Kontinent teilen. Deutschland stünde erneut den Westmächten England und Frankreich, verstärkt durch Italien, Spanien und Holland, gegenüber. Die für den Aufbau Osteuropas benötigten Kräfte würden im Gegeneinander zweier neuer Blöcke verbraucht, und Europa wäre zu gemeinsamer weltpolitischer Gestaltung unfähig. Da die USA keinen sicheren Partner mehr in Europa hätten, würden sie sich vom Kontinent zurückziehen und in den Isolationismus zurückfallen. Die Jugoslawienkrise hat diese Konstellation bereits deutlich werden lassen.

Mag man die Anerkennung Kroatiens und Bosniens auch für verfrüht und diplomatisch ungeschickt halten, so war die Triebfeder deutschen Handelns doch keine machtpolitische, sondern eine moralische. Nicht der Wunsch nach Einfluß auf dem Balkan, sondern das durch eine große deutsche Tageszeitung publizistisch verstärkte Gefühl einer moralischen Verpflichtung hat das deutsche Handeln bestimmt. Die europäischen Reaktionen vermuteten hingegen den Beginn einer deutschen Durchdringung des Balkans. Kroatien wurde als Teil der Donaumonarchie und später als Verbündeter des Großdeutschen Reiches einer möglichen deutschen Einflußsphäre zugeschlagen und das Drängen auf Anerkennung als deutsche Interessenpolitik bewertet.

Vergleichbare diplomatische Konstellationen werden immer wieder vergleichbare Reaktionen hervorrufen; die unsinnige Diskussion um Königsberg gibt einen Vorgeschmack darauf. In der hier skizzierten Mittellage wird sich Deutschland nicht rühren können, ohne sich dem Verdacht hegemonialen Ehrgeizes auszusetzen. Die Bundesrepublik kann Außenpolitik daher nur multilateral oder gar nicht betreiben.[135] Europa ist deshalb für die deutsche Politik kein opportunistischer Begriff, der sich zu nationalem Nutzen instrumentalisieren läßt, Europa ist nach zwei verlorenen Kriegen deutsche Staatsräson, da nationale Interessenpolitik ohne oder gar gegen Europa nicht mehr möglich ist. Deutschland kann nur Wirkung entfalten, indem es innerhalb der Europäischen Union Politik betreibt. Die Weiterentwicklung der europäischen Integration ist deshalb nicht nur eine Verpflichtung, die wir einlösen müssen, sie entspricht auch unseren Interessen. Deutschland hat in zwei furchtbaren Kriegen lernen müssen, daß es für eine Weltmacht zu klein, seinen europäischen Nachbarn als Nationalstaat aber psychologisch zu groß ist. Clemenceaus Diktum – es gibt zwanzig Millionen Deutsche zuviel – hat für unsere Nachbarn seine Gültigkeit nicht verloren, auch wenn sie es nicht mehr so unhöflich ausdrücken würden.

Was uns die totale Niederlage beibrachte, ist für die politischen Klassen Englands und Frankreichs ein schwieriger und langwieriger Erkenntnisprozeß, nämlich die Tatsache, daß alle europäischen Nationalstaaten auf sich allein gestellt für weltpolitische Gestaltung zu klein geworden sind. Deshalb ist es auch falsch, den bisher fehlenden Integrationswillen in England und Frankreich als Vorwand für unseren Ausstieg zu benutzen. Die europäische Entwicklung vollzieht sich mit einer Phasenverschiebung. Unser Nationalstaat ist 1945 mit einem Schlag zerbrochen. Die Macht Englands und Frankreichs wurde nach dem Krieg langsam ausgehöhlt, psychologisch immer wieder abgefedert durch jahrhundertealte Symbolik, die den Blick auf die Machtrealitäten trübte. Der Verfall nationalstaatlicher Macht braucht in diesen Ländern länger, um in das Bewußtsein der politischen Klasse wie der breiten Öffentlichkeit zu dringen. Noch hat sich der Nationalstaatsgedanke auch in Westeuropa nicht überlebt, noch bleibt er Bezugsrahmen für die garantierten Freiheits- und Bürgerrechte.

In Europa wird fremdverordnete Einheitlichkeit des Lebens auf Dauer nicht hingenommen[136], zumal die kulturellen Differenzen zwischen den europäischen Nationen noch immer erheblich sind und ihre Identifikationen nicht wie unsere in Frage gestellt wurden. Doch diese Feststellung entbindet uns Deutsche nicht davon, im eigenen Interesse und um eine neue «Einkreisungspolitik» zu verhindern, Außenpolitik ausschließlich multilateral, das heißt europäisch, zu betreiben. Aus dieser Interessenlage heraus war die Anerkennung der jugoslawischen Nachfolgerepubliken ein Fehler, denn sie hat Menschen nicht gerettet, aber Deutschland von den «westlichen Mächten» getrennt und damit Zweifel in die Absichten deutscher Politik aufkommen lassen. Auch der Balkan ist heute ein Ort, wo Westeuropa entweder gemeinsam handeln wird oder gar nicht handeln kann, was dann aber auch für Deutschland gilt. Es ist folglich auch unrealistisch, die Erweiterung der Gemeinschaft gegen ihre Verbreiterung auszuspielen und der Anfügung Osteuropas den Vorrang vor einer Vertiefung der Europäischen Union zu geben. Dieser Gegensatz wird sich schnell als künstlich erweisen, denn sollte die Europäische Union zerbrechen oder sich in einer Freihandelszone auflösen, wird es zu keiner Erweiterung kommen, da sich fast automatisch die Verhältnisse von vor 1914 bzw. jene der Zwischenkriegszeit wiederherstellen werden. Unsere Nachbarn werden Deutschland erneut als Bedrohung empfinden, und sie werden zusammenrücken, um diese Bedrohung einzudämmen. Das heißt aber auch, daß es keine deutsch-russischen Sonderbeziehungen geben kann, da sie das Rapallo-Syndrom zu neuem Leben erwecken und die transatlantische Halterung der Europäischen Union lockern würden.

Es ist zu Recht immer wieder darauf hingewiesen worden, daß in der Vergangenheit eine einheitliche europäische Politik nur dann eine Chance hatte, wenn eine dominierende Macht die Richtung vorgab. Das galt für Habsburg-Spanien, das Bourbonische und das Napoleonische Frankreich wie für die beiden deutschen Versuche, Hegemonialpolitik zu betreiben. Ludwig Dehio hat diese immer erneut von den Flügelmächten England, später Amerika und Rußland verhinderte Dominanz des Kontinents durch eine Macht und die Rückführung der internationalen Ordnung in ein Mächtegleichgewicht in seinem Buch «Gleichgewicht oder Hegemonie» beschrieben.[137] Die Kritiker der europäischen Integration folgern aus dieser historischen Konstellation, daß England, Frankreich und Deutschland nie zu einer gemeinsamen Interessenpolitik finden werden. Daran ist richtig, daß nie zuvor eine solche Interessenallianz funktioniert hat und auch heute noch die Vereinigten Staaten die Handlungsfähigkeit der Europäischen Union garantieren. Die Analyse verkennt allerdings, daß in der von Dehio dargestellten historischen Epoche die großen europäischen Mächte auch allein handlungs- und gestaltungsfähig waren, während in der neuen globalen Weltordnung zwar ein europäisches Mächtegleichgewicht denkbar, aber die das Gleichgewicht haltenden Staaten darüber hinaus zu Weltpolitik nicht mehr fähig sind, vergleichbar der italienischen Staatenwelt nach dem Fall von Konstantinopel und dem Aufstieg der westeuropäischen Seemächte. Der Suez-Konflikt hat den alten europäischen Großmächten die Grenzen ihrer Handlungsfähigkeit gezeigt. Nur mit amerikanischer Unterstützung konnte die englische Flotte unter Anspannung aller Kräfte den Falklandkonflikt bestehen, im Golfkrieg wären die europäischen Länder ohne amerikanische Führung handlungsunfähig gewesen.

Diese machtpolitische Beschränkung durch eine zu schmale wirtschaftliche und militärische Basis hat die europäische Entwicklung immer wieder vorangetrieben und die politischen Klassen Englands und Frankreichs zu immer mehr Integration gezwungen. 1946 glaubte Churchill noch an eine unabhängige Rolle des englischen Weltreiches, neben Europa und den Vereinigten Staaten. 1989 hat Margaret Thatcher bitter erfahren müssen, daß England ohne amerikanische

Unterstützung nicht einmal politische Entwicklungen an seiner Gegenküste beeinflussen kann. England steht vor der Wahl, der 52. Staat der USA, eine Macht von der Bedeutung der Schweiz oder gemeinsam mit Deutschland und Frankreich als europäische wieder Weltmacht zu werden. Der Machtinstinkt wird die politische Klasse Englands nach Europa führen. Solange dieser Prozeß dauert, sichert die amerikanische Führung die europäische Handlungsfähigkeit.

Wir müssen deshalb die europäische Integration in unserem ureigensten Interesse vorantreiben und zugleich dem Bündnis mit Amerika höchste Priorität einräumen. Es war Deutschlands verhängnisvollster historischer Fehler, nach der Reichseinigung einen mitteleuropäischen Block zu begründen, statt im Bündnis mit England seine wachsende Isolierung aufzubrechen. Als die Nachfolger Bismarcks den Faden zu beiden Flügelmächten abreißen ließen, war Deutschlands Niederlage vorprogrammiert. An die Stelle Englands ist heute Amerika getreten, das politisch England in seinem Schlepptau führt und damit indirekt Teil der Europäischen Union ist. Das amerikanische Bündnis bewahrt Deutschland vor erneuter Isolierung und verschafft ihm Rückhalt für seine Aufgabe, deutsche Außenpolitik in eine gemeinsame europäische Außenpolitik einzubringen und die Vergemeinschaftung von Politik, Verteidigung und Wirtschaft voranzutreiben. Deutschland war nur knapp achtzig Jahre ein abgeschlossener Nationalstaat, doch es hatte jahrhundertelang eine andere übernationale Mission, die europäische Einheit in der Vielfalt zu bewahren.

Ernst Kantorowicz hat dieses deutsche In-die-Weite-Wirken an der Person des Stauferkaisers Friedrich festgemacht: «Zum einzigen Mal in der Geschichte war damit für das ganze, große, vielspältige Deutschland die Lösung des so nie wieder gelösten deutschen Problems geglückt – zum einzigen Mal wurde die adlige Jugend, die ja auch Stifte und Klöster füllte, auf eine Form hin erzogen, die nicht nur in den Grenzen der engsten Heimat, sondern überall in der Welt Geltung hatte – das einzige Mal auch, daß die Deutschen wirklich etwas im besten Sinne ‹Weltmännisches› hatten. Da war denn der Boden bereitet für eine große deutsche Plastik, die freilich in dem Augenblick jäh abbrach, als mit dem Sturz des Reiches das Rittertum von der Welt abgeschnitten, in bürgerlicher Enge verdumpfte oder aber Deutschland verlassend in fremdem Sold kämpfte.»[138]

Deutschland hat heute die Wahl, in weiser Selbstbeschränkung eine Europäische Union zu bauen und damit die Welt mitzugestalten, oder eingemauert in den neuen Nationalstaat Europa wiederum zu spalten und damit dem alten Kontinent ein zweites Mal die Chance zu nehmen, vom Objekt zum Subjekt der Weltpolitik zu werden. Helmut Kohl hat recht, wenn er in seiner Regierungserklärung zur Sondersitzung des Europäischen Rates am 11.11.93 vor dem Bundestag erklärte: «Was wir bisher wirtschaftlich in der Europäischen Gemeinschaft gemeinsam erreicht haben, läßt sich auf Dauer nur dann bewahren, wenn wir es auch politisch absichern. Eine Art gehobene Freihandelszone reicht dafür nicht. Wir brauchen die politische Union. Dies ist nach meiner festen Überzeugung auf lange Sicht auch eine Frage von Krieg und Frieden. Denn die bösen Geister der Vergangenheit, die zur Zeit auf dem Balkan wüten, sind nicht ein für allemal gebannt. Manche wollen dies nicht wahrhaben. Sie glauben, Frieden sei etwas Selbstverständliches – etwas, das keiner Anstrengung mehr bedarf. So dachten auch viele Menschen nach dem Vertrag von Locarno im Jahre 1925. Was danach kam, ist bekannt. Die heutige Europa-Debatte findet auf den Tag genau fünfundsiebzig Jahre nach dem Ende des Ersten Weltkrieges statt. Wir sollten einen Augenblick innehalten und uns klarmachen, weshalb wir eigentlich in der längsten Friedensepoche seit Mitte des 19. Jahrhunderts leben: Dies Ergebnis ist vor allem eine Frucht des europäischen Einigungswerks. Einundzwanzig Jahre nach dem Ende des Ersten begann der Zweite Weltkrieg, dreiundvierzig Jahre nach der Gründung des Deutschen Reiches, 1871, brach der Erste Weltkrieg aus. Heute leben wir bereits achtundvierzig Jahre in Frieden. Wir werden nur dann absolute Gewißheit haben, daß dies auch weiterhin so bleibt, wenn wir in unseren Anstrengungen für die Einigung Europas nicht nachlassen. Wie die Politische Union Europas schließlich in allen Einzelheiten aussehen wird, wissen wir heute nicht. Niemand will einen europäischen Einheitsstaat, es darf aber auch kein Zurück in das nationalstaatliche Denken des 19. Jahrhunderts und der ersten Hälfte dieses Jahrhunderts geben. Die machtpolitischen Rivalitäten früherer Zeiten auf unserem Kontinent müssen ein für allemal der Vergangenheit angehören.»[139]

Diese pathetisch hölzernen Formulierungen enthalten ein Stück der Seele der CDU wie der Staatsräson der «Bonner Republik». Helmut Kohls Verdienst ist es bis heute, diese Seele nicht für das Linsengericht einer nationalen Außenpolitik verkauft zu haben, da er weiß, daß die Staatsräson der «Bonner Republik» auch die der «Berliner Republik» sein muß. Ob die Nachfolger diese Konsequenz aufbringen werden, steht dahin. Die Anfechtungen und Gefährdungen werden zunehmen, Zitelmann und Mechtersheimer, ein neuer rechter und ein neuer linker Nationalismus sind die Flammenschrift an der Wand.

Nachbetrachtung: Der «weltläufig gewordene Provinzler»

Wolfgang Herles zitiert in seinem neuesten Buch «Das Saumagen-Syndrom» die psychologische Fallstudie eines Politikers: «Großer Ehrgeiz treibt ihn an, er glaubt, das Ziel heilige die Mittel. Selbst um Nichtigkeiten kümmert er sich persönlich. Mit großer Ausdauer überwindet er Niederlagen. Er kann nichts spielerisch nehmen, alles ist bei ihm hartes Geschäft. Ändern sich die Umstände, ändert er seine Politik. Alles ordnet er seinem persönlichen Erfolg unter. Er hat eine unstete, unberechenbare Art, mit Leuten umzugehen. Rat nimmt er eher von Vertrauten an als von Experten. Er bevorzugt kleine Gruppen. Leute, die ihn im kleinen Kreis erleben, sind überrascht und rühmen seine herzliche Art. Es ist schade, daß er das im Fernsehen nicht rüberbringt, sagen sie. In größeren Gruppen fühlt er sich unwohl. Er ist umgänglich, wenn alles gut läuft, gereizt und defensiv in bedrohlicher Lage. Einerseits großzügig, fürsorglich, sentimental, kann er andererseits nachtragend, rechthaberisch, übellaunig sein. Er hat eine helle und eine dunkle Seite. Zu denen, die ihm nahestehen, hält er auch in schwierigen Situationen. Aber er schreit, reagiert unter Druck verbal gewalttätig. Allem, was ihm persönlich nützen oder schaden kann, widmet er größte Aufmerksamkeit. Dagegen langweilen ihn lange Verhandlungen. Er haßt es, direkte Befehle zu erteilen, vor allem denjenigen, die mit ihm nicht übereinstimmen. Seine Schwäche ist die mangelnde Organisation von Führung. Er schafft es nicht, ein Klima von Klarheit zu schaffen.»[140]

Das Porträt Richard Nixons aus der Feder zweier amerikanischer Psychologen ist deswegen so interessant, weil es eher typisch als individuell ist. Es trifft auf John Major wie auf Helmut Kohl, auf Bill Clinton wie auf Rudolf Scharping gleichermaßen zu und belegt, daß die kleinbürgerliche Demokratie einen bestimmten Typus des Politikers braucht und auch hervorbringt, dessen Fähigkeiten den Anforderungen entsprechen. Nach der Ablösung des aristokratischen wie des großbürgerlichen Politikers in allen großen Demokratien durch den kleinbürgerlichen Aufsteiger ähneln sich die Psychogramme auf verblüffende Weise. Ob sich daraus ein neues gesellschaftliches Band ergibt, wie es die aristokratische politische Klasse Europas vor dem Ersten Weltkrieg verband, ist dennoch eher zweifelhaft, da gerade die kleinbürgerliche Welt trotz aller Kommunikationsmittel nationaler ist als es die aristokratischen und bildungsbürgerlichen Schichten je waren.

Was im Vergleich mit Nixon oder Clinton wie ein einheitliches Bild wirkt, bleibt individuell betrachtet eher disparat. Helmut Kohl ist nicht auf einen Nenner zu bringen, er steckt voller Widersprüche und Ungereimtheiten. Daß er unterschätzt wurde, ist heute Allgemeingut. Zu viele seiner Kritiker haben sich ein Bild von Helmut Kohl gemacht, das ihren Vorurteilen und Wunschbildern, aber nicht der Realität entsprach. Statt Entscheidungen zu analysieren, wurde sein Handeln auf Begriffe wie «Generalist» und «Aussitzer» gebracht, die negativ besetzt waren oder durch ihre Verbindung mit Helmut Kohl zu Negativbegriffen und schließlich zu Wahrnehmungssperren wurden. Es ging wie mit Honeckers Wirtschaftsbilanzen: erst wurden sie verfälscht, dann der UNESCO gemeldet, und am Ende glaubte man auf diesem Umweg der eigenen Fälschung.

Obwohl Helmut Kohl auf diese Weise viel ungerechte Kritik zu ertragen hatte, mußte er sich mit dieser Kritik dennoch nicht auseinandersetzen, weil er sie als falsch und ungerecht durchschaute. Die Mißachtung durch die Intelligenzija und die «feinen Leute» korrespondiert mit der Verachtung des Populisten und Volksmannes für das «intellektuelle Geschwätz». Dabei haben beide verloren. Helmut Kohl blieb ohne wirkliche Herausforderung, und die Kritiker blieben ohne durchschlagenden Erfolg. Die Wahrnehmungssperren auf beiden Seiten verhinderten jeden Dialog und ließen die deutsche Politik nach den Brandt- und Schmidt-Jahren wieder in jenes antiintellektuelle Klima zurückfallen, das für Deutschland typisch, in England und Frankreich dagegen die Ausnahme ist. Selbst der Thatcherismus hatte seine intellektuellen Adepten, die der Krämerstochter aus Grantham und ihrer Politik ein intellektuelles Flair verliehen, was der Middle-of-the-road-Konservativismus Helmut Kohls nie besaß. Ihm fehlt, was Joachim Fest einmal die «suggestive Anschaulichkeit einer Idee» genannt hat.

Die mangelnde politische Attraktivität des Kanzlers und seiner Person, die im fehlenden Kanzlerbonus ihren Ausdruck findet, hat zuvörderst mit dieser gegenseitigen Verachtung von «Intelligenzija» und CDU-Vorsitzendem zu tun, die Helmut Kohl nie zu überwinden versucht hat. Daß er dazu in der Lage gewesen wäre, ohne sich zu verbiegen, daß es ihm möglich gewesen wäre, seine Politik und ihre Grundlagen zu erklären, daß er dennoch dazu weder Neigung noch Willen verspürte, trübt sein historisches Bild. Wäre er nach der Einheitswahl auf dem Höhepunkt seines Erfolges zurückgetreten, hätte dieser Erfolg die Schwächen seiner inneren Politik zugedeckt, und er wäre trotz der Gegnerschaft der

Sinnvermittler als bedeutende Figur ins deutsche Walhall eingezogen. Die Schwierigkeiten der letzten vier Jahre haben den Blick wieder auf die Zeit vor 1989 und die vielen Nachrufe auf den Politiker Helmut Kohl gelenkt und ihn erneut mit der Erbschaft von Versagen und Mißerfolg belastet.

Wenn es dennoch schwerfällt, seinen Gegnern Glück und Erfolg zu wünschen, dann deshalb, weil Helmut Kohl die Prioritäten der deutschen Politik geändert hat. Der Primat der Innenpolitik ist vom Primat der Außenpolitik abgelöst worden, und gerade hier sind die Gefahren zahlreich und die traditionellen deutschen Steuerkünste eher bescheiden. Zwar haben sich auch die Rahmenbedingungen verändert und zerfällt die Welt des «old boys network», in der die Diplomatie durch die Telefongespräche der Mächtigen ersetzt werden konnte. Zahlreiche neue Akteure auf der diplomatischen Bühne machen diese unübersichtlich und für den einzelnen kaum beherrschbar. Thatcher in Deidesheim und Kohl im Kaukasus dürften künftig kein Ersatz für die Beantwortung der Frage sein, ob Deutschland Interessen auf dem Balkan hat, wir eine Sonderbeziehung zu Rußland unterhalten können und die Erben von Byzanz nun zu Europa gehören oder nicht. Geschichte wird sich künftig nicht mehr auf das Miteinander-umgehen-Können der Mächtigen reduzieren lassen, vielmehr werden historische Strukturen nach sorgfältiger Analyse unsere außenpolitischen Entscheidungen bestimmen müssen. Das ist Helmut Kohls Stärke nicht, doch wessen Stärke wäre es? Wollte Lafontaine nicht vor kurzem, daß Deutschland sich aus der Militärorganisation der NATO zurückzieht und Bahr den Polen verbieten, sich der sowjetischen Dominanz zu entziehen? Haben die Liberalen nicht den unsinnigen Streit um die Verfassungsmäßigkeit der

AWACS-Einsätze erfunden und wollen die Grünen nicht noch immer eine deutsche Sonderrolle außerhalb der NATO? Man mag Kohls Wirtschaftspolitik für ungenügend und seine Bemerkungen über den «Freizeitpark Deutschland» für zynisch halten, seine Außenpolitik ragt noch immer turmhoch über den Zickzackkurs von Koalitionären und Gegnern, und sie ist auch dort weitblickender, wo sie «die eigentlich politische Konstellation zugunsten eines utopischen Miteinanders leugnet»[141], da die politische Konstellation der Vergangenheit angehört, der Zwang zum Miteinander aber deutsche wie europäische Notwendigkeit ist. Hier bewegt sich der «weltläufig gewordene Provinzler» Helmut Kohl im Einklang mit der Geschichte, während die urbanen Führungsschichten Englands und Frankreichs nicht auf der Höhe der Zeit sind.

Vielleicht ist Kohl wirklich dazu bestimmt, die Europäische Union unumkehrbar zu machen und damit seinen Nachfolgern das Spielen mit mehreren Bällen zu ersparen, das Bismarck seinen Nachfolgern hinterließ und das diese bald als zu beschwerlich empfanden, was schließlich zur Isolierung Deutschlands und in den Ersten Weltkrieg führte. Jedenfalls wäre die Vollendung Westeuropas fast jede innenpolitische Fehlleistung Helmut Kohls wert, so daß der Satz «Augen zu, CDU» nur so lange stimmt, solange Kohl noch die Richtlinien der Politik bestimmt. Würde er abgelöst und durch Wolfgang Schäuble ersetzt, für den das Nationale vor dem Europäischen rangiert, dann gewänne Scharpings SPD jene Attraktivität, die ihr bis heute noch immer fehlt. So gilt für Helmut Kohl, was John le Carré mit britischer Nüchternheit auf die Formel brachte: «Die Welt im ganzen ist sicherer, wenn sie von mittelmäßigen Gestalten regiert wird.»[142] Helmut Kohl verkörpert dieses Mittelmaß. Er ist – wie Jürgen Habermas kürzlich schrieb – repräsentativ ohne Repräsentation. Er ist die verkörperte Entwarnung und hätte einen Heine nicht um den Schlaf gebracht.[143] Doch an einer entscheidenden Weggabelung deutscher Geschichte ist er über jedes Mittelmaß hinausgewachsen.

Anmerkungen

1 Johannes Gross, in: Frankfurter Allgemeine Magazin vom 8. Oktober 1993, Heft 710, Seite 8.

2 Johannes Gross, Größe des Staatsmannes, Nachgedanken zu Joachim Fests «Hitler», in: Von Geschichte umgeben, Joachim Fest zum Sechzigsten, Festschrift, Berlin 1986, Seite 75–88.

3 Jacob Burckhardt, Weltgeschichtliche Betrachtungen, Die Individuen und das Allgemeine – Die historische Größe in Staat und Kultur, Zürich 1972, Seite 495.

4 Jacob Burckhardt, a.a.O., Seite 501.

5 Karl-Heinz Bohrer, Provinzialismus, in: Merkur 12/1990, Seite 1098.

6 Zitiert nach Golo Mann, Deutsche Geschichte des 19. und 20. Jahrhunderts, Frankfurt 1958, Seite 548.

7 Odo Marquard, Die moderne Entwirklichung der Wirklichkeit, Aulavorträge, Hochschule St. Gallen für Wirtschafts- und Sozialwissenschaften, 1987.

8 Die politische Entwicklung in der Pfalz und das Wiedererstehen der Parteien nach 1945, Inaugural-Dissertation zur Erlangung der Doktorwürde der Philosophischen Fakultät der Ruprecht-Karls-Universität zu Heidelberg, vorgelegt von Helmut Kohl aus Ludwigshafen 1958.

9 Peter Boenisch, Kohl und Strauß, in: Reinhard Appel, Helmut Kohl im Spiegel seiner Macht, Bonn 1990, Seite 165.

10 Der Spiegel vom 29. November 1976.

11 Karl-Heinz Bohrer, Provinzialismus III, in: Merkur 4/1991, Seite 353.

12 Franz Josef Strauß, Erinnerungen, Berlin 1989, Seite 491.

13 Zitiert nach: Der Spiegel Nr. 3/1979.

14 Eghard Mörbitz, in: Frankfurter Rundschau vom 25. 1. 1979.

15 Zitiert nach Filmer, Schwan, Helmut Kohl, Düsseldorf, Wien, New York 1990, Seite 173.

16 Zitiert nach: Weltwoche vom 6. Oktober 1982.

17 Zitiert nach: Filmer, Schwan, a. a. O., Seite 209.

18 Die Zeit vom 31. März 1989.

19 Diese Position nimmt Karlheinz Weißmann in seinem Buch «Rückruf in die Geschichte», Berlin, Frankfurt 1992, ein; desgleichen Botho Strauß, Anschwellender Bocksgesang, Der Spiegel 6/1993; desgleichen Arnulf Baring und Wolf Jobst Siedler, in: Arnulf Baring, Deutschland was nun?, Berlin 1991.

20 Patrick Süskind, Deutschland, eine Midlife-crisis, Der Spiegel vom 17. September 1990; Rolf Schneider, Von linker Melancholie, Der Spiegel vom 19. August 1990; Thomas Schmid, Staatsbegräbnis – von ziviler Gesellschaft, Berlin 1990; Der kapitale Irrtum, Frankfurt 1991; desgleichen: Jahrhundertexperiment: Das klingt mir zu deutsch, in: Frankfurter Rundschau vom 31. Dezember 1991.

21 In: Arnulf Baring, Deutschland was nun?, a. a. O., Seite 38.

22 Hamburg 1990, Seite 292.

23 Ulrich Heinemann, Ein konservativer Rebell, Berlin 1990, S. 80.

24 Karlheinz Weißmann, a. a. O., Seite 36.

25 Jürgen Habermas, in: Die Zeit, Nr. 51 vom 17. Dezember 1993.

26 Karl-Heinz Bohrer, Provinzialismus II, in: Merkur 3/1991, Seite 255 ff.

27 Der Spiegel 6/1993.

28 Karl-Heinz Bohrer: «Über die Rettung der Ironie. Gibt es eine deutsche Nation?», Vortrag, zitiert nach Cora Stephan, Der Betroffenheitskult – Eine politische Sittengeschichte, Berlin 1993, Seite 128.

29 Botho Strauß, in: Der Spiegel 6/1993.

30 Edmund Burke, edited by Isaac Kramnik in Great Lives Observed, New Jersey 1974, Seite 6.

31 Karl-Heinz Bohrer, Deutschland – noch eine geistige Möglichkeit, in: Frankfurter Allgemeine Zeitung, Nr. 99 vom 28. April 1979.

32 Für diese Analyse siehe Michael Mertes, Germany's Social and Political Culture: Change Through Consensus?, in: Daedalus, Journal of the American Academy of Arts and Sciences, Vol 123, 1, Seite 1–28, hier Seite 7.

33 Mertes, a. a. O., Seite 4.

34 Eckhard Fuhr, Alles Achtundsechziger, in: Frankfurter Allgemeine Zeitung vom 27. März 1993.

35 So Cora Stephan, Der Betroffenheitskult – Eine politische Sittengeschichte, Berlin 1993.

36 In: Die Zeit, Nr. 51 vom 17. Dezember 1993.

37 Gekürzte Fassung des Vortrags, den Thomas Nipperdey vor dem Historikertag 1990 in Bochum hielt, in: Frankfurter Allgemeine Zeitung vom 29. Oktober 1990.

38 So u. a. Karlheinz Weißmann, Rückruf in die Geschichte, Berlin 1992, und Eberhard Straub, Verwestlichung als Erziehungsprogramm, in: Rainer Zitelmann, Karlheinz Weißmann, Westbindung, Berlin 1993; desgleichen Einleitung zu diesem Buch: Wir Deutschen und der Westen.

39 Wolfgang Herles, Das Saumagen-Syndrom, München 1994, S. 218.

40 In: Frankfurter Allgemeine Zeitung, Bilder und Zeiten vom 30. November 1991.

41 Benjamin Disraeli, Coningsby oder die Neue Generation, letztmals erschienen 1844 in London, Zürich 1992, Seite 125.

42 Disraeli, a. a. O., Seite 127.

43 Zitiert nach: Erich Eyck, Die Pitts und die Foxs, Zürich 1946, S. 406.

44 In: Frankfurter Allgemeine Zeitung vom 2. Oktober 1982.

45 Max Weber, Geistige Arbeit als Beruf – zweiter Vortrag, Politik als Beruf, München, Leipzig 1919, Seite 15.

46 In: Die Zeit vom 4. November 1982.

47 Rüdiger Altmann, Der Kanzler im Spiegel seiner Macht, in: Reinhard Appel, Helmut Kohl im Spiegel seiner Macht, Bonn 1990, Seite 9 ff.

48 Kleine Geschichten aus England, Stuttgart 1949, Seite 62.

49 Wolfgang Wiedemeyer, Kohl und die Medien, in: Reinhard Appel, a. a. O., Seite 273.

50 Protokoll eines Gesprächs, das der Schriftsteller Walter Kempowski mit Kanzlerkandidat Helmut Kohl über Bücher, Bilder und Musik sowie Kultur im allgemeinen geführt hat, erschienen im Zeit-Magazin vom 20. August 1976, zitiert nach Rüdiger Liedtke, Kohl-Chronik, Frankfurt 1990, Seite 12.

51 In: Der Spiegel 43/1982, zitiert nach: Liedtke, a.a.O., Seite 10.

52 In: Abendzeitung vom 20. Juni 1990, zitiert nach Klaus Staeck, Goldene Worte von Kanzler Kohl, Göttingen 1990, Seite 17.

53 Im ZDF am 6. Januar 1971, zitiert nach: Liedtke, a.a.O., Seite 9.

54 In: Der Spiegel vom 16. Januar 1989, zitiert nach: Staeck, a.a.O., Seite 14.

55 Karl Kraus, Über die Sprache, Frankfurt 1977, Seite 52.

56 Siehe Anmerkung 49.

57 Interview anläßlich der Berliner Funkausstellung, erschienen in Auszügen in der Stuttgarter Zeitung vom 12. September 1983, zitiert nach: Liedtke, a.a.O., Seite 29.

58 Warnfried Dettling, Das Erbe Kohls – Bilanz einer Ära, Frankfurt 1994, Seite 23.

59 Zuletzt in: Dummdeutsch, Frankfurt 1993, Seite 133.

60 Hellmut Karasek, Der sprachlose Schwätzer, in: Der Spiegel vom 25. Oktober 1982.

61 Jürgen Leinemann, Der letzte Dinosaurier, in: Der Spiegel 40/1992.

62 Halifax, The Character of a Trimmer, in: Halifax, Complete Works, London 1969, Seite 50.

63 Wolfgang Herles, a.a.O., Seite 216.

64 Zitiert nach: Jürgen Leinemann, a.a.O., Seite 44.

65 Zitiert nach: Stuttgarter Zeitung vom 4. Juni 1993, Warum Kohl die Trauerfeiern meidet.

66 Zitiert nach: Schwan, a.a.O., Seite 165.

67 Zitiert nach: Liedtke, a.a.O., Seite 16.

68 Zeit-Gespräch zwischen Heiner Geißler, Werner A. Perger und Gunter Hofmann, in: Die Zeit vom 3. September 1993.

69 Margaret Thatcher, Downing Street No. 10 – Die Erinnerungen, Düsseldorf, Wien, New York 1993, Seite 1034.

70 Timothy Garton Ash, Im Namen Europas – Deutschland und der geteilte Kontinent, München, Wien 1993, Seite 128.

71 Timothy Garton Ash, a.a.O., Seite 146.

72 Timothy Garton Ash, a.a.O., Seite 148.

73 Timothy Garton Ash, a.a.O., Seite 549.

74 Zitiert nach: Weißmann, a.a.O., Seite 26.

75 Zitiert nach: Baring, a. a. O., Seite 88.

76 Valentin Falin, Politische Erinnerungen, München 1993, Seite 480 f.

77 So der stellvertretende Außenminister der Bush-Administration Eagelburger zu dem früheren hessischen Ministerpräsidenten Wallmann und dem Autor in Washington 1990.

78 Valentin Falin, a. a. O., Seite 433.

79 Elizabeth Pond, Beyond the Wall – Germany's Road to Unification, Washington 1993, Seite 187.

80 Horst Teltschik, 329 Tage, Innenansichten der Einigung, Berlin 1991, Seite 273, 319 ff.

81 Valentin Falin, a. a. O., Seite 494.

82 Harold Nicolson, Kleine Geschichte der Diplomatie, Frankfurt 1955, Seite 101.

83 Timothy Garton Ash, a. a. O., Seite 513 ff.

84 Karl-Heinz Bohrer, Provinzialismus, in: Merkur 12/1990, Seite 1098; ähnlich Eberhard Jäckel, zitiert nach: Süddeutsche Zeitung vom 26. März 1993.

85 Margaret Thatcher, a. a. O., Seite 1101 ff.

86 Horst Teltschik, a. a. O., Seite 104, 165, 166, 171, 174.

87 Eckhard Henscheid, Helmut Kohl, Biographie einer Jugend, München 1985.

88 Karl-Heinz Bohrer, Der Mann aus der Provinz, in: Frankfurter Allgemeine Zeitung vom 2. Oktober 1982.

89 J. B. Priestley, The Prince of Pleasure and his Regency 1811–20, London 1971, Seite 65.

90 Hellmuth Karasek, Der sprachlose Schwätzer, a. a. O.

91 Wolfgang Jäger, Wer regiert die Deutschen?, Osnabrück 1994, Seite 62 ff.

92 Karl-Heinz Bohrer, Provinzialismus III, a. a. O., Seite 354.

93 Franz Josef Strauß, Die Erinnerungen, a. a. O., Seite 512–13.

94 Karl-Heinz Bohrer, Provinzialismus III, a. a. O., Seite 353.

95 Peter Boenisch, a. a. O., Seite 167.

96 Zitiert nach: Alexander Gauland, Stanley Baldwin, a. a. O., Seite 208.

97 Franz Josef Strauß, a. a. O., Seite 512.

98 Zitiert nach: Gunter Hofmann, Alle sitzen in der Tinte, in: Die Zeit vom 23. November 1984.

99 Zitiert nach: Stuttgarter Zeitung vom 29. April 1985.

100 Zitiert nach Gunter Hofmann, Des Kanzlers Doppelgesicht, in: Die Zeit vom 3. Mai 1985.

101 Zitiert nach: Süddeutsche Zeitung vom 30. April 1985.

102 Fritz Ullrich Fack, Ein Scherbenhaufen, in: Frankfurter Allgemeine Zeitung vom 29. April 1985.

103 Neue Zürcher Zeitung vom 6. Mai 1985.

104 Heiner Geißler, im Gespräch mit Gunter Hofmann und Werner Perger, Frankfurt 1993, Seite 34.

105 Elisabeth Noelle-Neumann, in: Frankfurter Allgemeine Zeitung vom 19. April 1994.

106 Teltschik, a. a. O., Seite 46.

107 Zitiert nach: Weißmann, a. a. O., Seite 70.

108 Baring, Siedler, a. a. O., Seite 38.

109 Baring, Siedler, a. a. O., Seite 92.

110 Paul Sethe, Russische Geschichte, Frankfurt, Berlin 1968, S. 31 f.

111 Peter Tschaadajew, Apologie eines Wahnsinnigen, Leipzig 1992, Seite 17.

112 Tschaadajew, a. a. O., Seite 162.

113 Sergej Bulgakov, Heroentum und geistiger Kampf, in: Wegzeichen, Frankfurt 1990, Seite 92 ff.

114 Zitiert nach Robert Massie, Die Schalen des Zorns, Großbritannien, Deutschland und das Heraufziehen des Ersten Weltkrieges, Frankfurt 1993, Seite 110.

115 Zitiert nach: Baring, a. a. O., Seite 111–12.

116 Erich Eyck, Die Pitts und die Foxs, a. a. O., Seite 472.

117 In: The National Interest, Summer 1989, Seite 28.

118 Zitiert nach: Joachim Fest, Die schwierige Freiheit, Berlin 1993, Seite 32.

119 Klaus Hornung, Von Bismarck lernen?, in: Frankfurter Allgemeine Zeitung vom 15. Februar 1994.

120 Karl-Heinz Bohrer, Provinzialismus, a. a. O., Seite 1100.

121 Alfred Mechtersheimer, Friedensmacht Deutschland – Plädoyer für einen neuen Patriotismus, Frankfurt, Berlin 1993, Seite 9.

122 Zitiert nach: Hornung, in: Frankfurter Allgemeine Zeitung vom 15. Februar 1994.

123 Thatcher, a. a. O., Seite 1126.

124 Bundesinnenminister Seiters im November 1990, zitiert nach: Ash, a. a. O., Seite 557.

125 Bernd Ulrich, Die deutsche Linke und der Westen, in: Rainer Zitelmann, Karlheinz Weissmann, Westbindung, Frankfurt, Berlin 1993, Seite 255.

126 Helmuth Plessner, Die verspätete Nation, Frankfurt 1974, S. 47.

127 Zitiert nach: Golo Mann, Deutsche Geschichte des 19. und 20. Jahrhunderts, Frankfurt 1958, Seite 460.

128 Christian Graf von Krockow, Die Deutschen in ihrem Jahrhundert 1890–1990, Reinbek 1990, Seite 35 f.

129 Wolfgang Herles, a. a. O., Seite 218; Norbert Elias, Studien über die Deutschen, Frankfurt 1989, Seite 420 ff.

130 Norbert Elias, a. a. O., Seite 426.

131 Alfred Mechtersheimer, a. a. O., Seite 284.

132 Alfred Mechtersheimer, a. a. O., Seite 285.

133 Paul Sethe, Öffnung nach Osten, Westpolitische Realitäten zwischen Bonn, Paris und Moskau, Frankfurt 1966, Seite 10.

134 Paul Sethe, a. a. O., Seite 11.

135 Günther Gillessen, Deutschland braucht das Bündnis, in: Frankfurter Allgemeine Zeitung vom 19. November 1993.

136 Gregor Schöllgen, Angst vor der Macht, Berlin, Frankfurt 1993, Seite 147.

137 Ludwig Dehio, Gleichgewicht oder Hegemonie, Krefeld 1956.

138 Ernst Kantorowicz, Kaiser Friedrich der Zweite, Stuttgart 1987, Seite 77.

139 Presse- und Informationsamt der Bundesregierung vom 11. Dezember 1993, Nr. 443/93.

140 Wolfgang Herles, a. a. O., Seite 94.

141 Karl-Heinz Bohrer, Provinzialismus, a. a. O., Seite 1099.

142 Zitiert nach: Peter Scholl-Latour, Helmut Kohl, Bergisch Gladbach 1990, Seite 19.

143 Jürgen Habermas, Meine Jahre mit Helmut Kohl, in: Die Zeit, Nr. 11 vom 11. März 1994.

Cora Stephan

Der Betroffenheitskult

Eine politische Sittengeschichte
192 Seiten, gebunden

Die Journalistin Cora Stephan, Jahrgang 1951, sich selbst der 68er Generation zurechnend, polemisiert in diesem Buch scharfzüngig gegen das selbstgerechte Weltbild einer sich als links und fortschrittlich dünkenden intellektuellen Schicht in der Bundesrepublik, die bis heute die Chancen und Möglichkeiten eines wiedervereinten Deutschlands nicht zur Kenntnis nehmen will.
In jener weltpolitischen Nische, in der sich die alte Bundesrepublik vor 1989 eingerichtet hatte, blieben die Anforderungen an Staat und Politik auf das Notwendigste beschränkt. Das Wohl und Wehe dieser Republik bemaß sich eher am moralischen Zuschnitt ihrer Bürger und deren permanenter Bereitschaft zu politischem Engagement als an dem strengen Regelwerk der Demokratie und des Rechtsstaats. Auch die politische Klasse hatte spätestens seit den achtziger Jahren ihre Lektion gelernt: statt alter deutscher Sekundärtugenden pflegten ihre Vertreter den neuen Stil der Betroffenheit. An die Stelle der Pflicht war der postmaterielle Wert der Befindlichkeit, der «Betroffenheitskult», getreten, der für die Bewältigung der seit 1989 anstehenden Probleme ein unzulängliches Rüstzeug ist.

«Erfrischend ist, wie pointiert Cora Stephan unangenehme Wahrheiten ausspricht. Gegen die larmoyante Beschwörung der Vergangenheit, des status quo vor dem Fall der Mauer, setzt sie die These, die Politik muß aus ihrer Sentimentalisierung befreit werden. Statt der Pseudo-Intimität von Betroffenheit muß es zu einer Wiederbelebung demokratischer Formen und Regularien kommen, in der das Politische und Professionelle der Politik wieder im Vordergrund steht. Nicht jeder Bürger ist automatisch ein Garant der Demokratie, nur weil er Bürger ist. Diese banale und doch provokante Aussage wird für produktive Unruhe sorgen.» (Süddeutscher Rundfunk)

Rowohlt · Berlin

Christian Graf von Krockow

Die Deutschen vor ihrer Zukunft

160 Seiten. Gebunden

Die deutsche Geschichte der Freiheit war immer eine Geschichte ihrer Niederlagen. Die Bürgerrevolution von 1848: gescheitert. Die Weimarer Republik: zerstört; der 20. Juli: fehlgeschlagen; der Aufstand vom 27. Juni 1953: niedergewalzt.
Erst im Herbst 1989 hat sich Deutschland seinen ‹Gründungsmythos› geschaffen, als Menschen Zivilcourage bewiesen und in einer friedlichen Revolution den Obrigkeitsstaat zum Einsturz brachten. Das Verlangen nach Freiheit hatte gesiegt – doch auf die Jubelschreie und Aufbruchstimmung folgten Niedergeschlagenheit und Depression.
Warum? Dieser Frage versucht Graf Krockow in einem provozierenden Essay nachzugehen, und seine Diagnose lautet: Wir haben unsere Feindbilder verloren. Aber auch unsere Identität, da wir nun nicht mehr wissen, wofür, besser, wogegen wir einstehen. Der Linken ist die Utopie, den Konservativen der Gegner abhanden gekommen, und der Traum vom neuen Menschen ist ausgeträumt.

«Ein sorgfältiger Beobachter deutscher Zustände, verfolgt Christian Graf von Krockow unablässig die Entwicklung seines Landes. Ein Liberaler der Nachkriegsgeneration, der den Zusammenbruch des Hitler-Reichs als Chance für einen Neuanfang betrachtet, um in Deutschland endlich die Demokratie zu verankern, den machtstaatlichen ‹Sonderweg› wider Europa zu beenden, die Verbundenheit mit dem demokratischen Westen zu sichern.» (Heinz Abosch, «Neue Zürcher Zeitung»)

Rowohlt · Berlin